井 越 著

北京大学出版社
PEKING UNIVERSITY PRESS

图书在版编目（CIP）数据

让顾客心动的导购术 / 井越著. —北京：北京大学出版社，2012.2
ISBN 978-7-301-19740-0

Ⅰ.让… Ⅱ.井… Ⅲ.销售－方法 Ⅳ.F713.3

中国版本图书馆CIP数据核字（2011）第234269号

书　　　名：	让顾客心动的导购术
著作责任者：	井　越　著
责 任 编 辑：	冯广翔
标 准 书 号：	ISBN 978-7-301-19740-0 / F · 2954
出 版 发 行：	北京大学出版社
地　　　址：	北京市海淀区成府路205号　　100871
网　　　址：	http://www.pup.cn
电　　　话：	邮购部 62752015　　发行部 62750672
	编辑部 82893506　　出版部 62754962
电 子 邮 箱：	tbcbooks@vip.163.com
印 刷 者：	北京嘉业印刷厂
经 销 者：	新华书店
	787毫米×1092毫米　16开本　11.75印张　168千字
	2012年2月第1版第1次印刷
定　　　价：	29.00元

未经许可，不得以任何方式复制或抄袭本书之部分或全部内容。
版权所有，侵权必究
举报电话：010-62752024；电子邮箱：fd @ pup.pku.edu.cn

目录 / Contents

推荐序 // V
前　言　把导购当成事业 // VII

 第一章　用话术赢得终端拉锯战

　　决定业绩的导购话术 // 003
　　从无意识销售到技巧销售的转变 // 005
　　五步全面展示自己的产品 // 007

 第二章　把客人吸引到你的柜台前

　　让产品、顾客和自己都动起来 // 015
　　你会站在门外或柜台外吗 // 018
　　柜台没顾客也别闲着 // 019

 第三章　抓住开场接待的30秒

　　抓住顾客的注意力 // 023
　　买不买，先把人留下 // 026
　　成交永远留给有准备的人 // 029
　　俘获顾客心的三种开场白 // 035

第四章 找准顾客的需求

顾客的需求是他的"欠缺" // 043
不是每个顾客都知道自己要买什么 // 048
把卖点转化为顾客的需求点 // 050
看准顾客的消费水准 // 052
获取顾客真实需求的6大视角 // 056
需求话术的实战范例 // 060

 第五章 不同的话术给不同的顾客

卖给谁，决定该怎么说 // 069
男人、女人会为什么买单 // 070
顾客多人同时进店，分清购买角色 // 072

 第六章 介绍卖点，引导体验

用对比找到产品特色 // 079
举例说明更有说服力 // 084
介绍产品性能适当打比方 // 085
只对顾客说该说的 // 089
产品介绍5法 // 092
用产品演示打动顾客 // 097

目 录

 第七章 和顾客的心理战——异议处理

导购，你在攻击谁 // 111
见招拆招，化解功能、质量异议 // 113
帮顾客算算账 // 119
10轮实战砍价的启示 // 125
品牌异议，拿证据说服顾客 // 137

 第八章 精准命中，快速成交

怎么催单才能成交 // 143
催单的8个时机 // 144

 第九章 为自己的服务打分

给足顾客面子 // 151
拿什么吸引顾客的心 // 154
用真情感染顾客 // 158
关心顾客的孩子 // 159
留住顾客要选好方式 // 160
让顾客产生共鸣 // 161
成交后也要服务好 // 165
维护好回头客 // 166
留不住顾客，可以留下信息 // 167

结　语 一步步走出自己的路 // 171

推荐序

井越老师的思维模式和培训方法与其他终端培训老师完全不同,却与方太的一贯理念有着异曲同工之妙。方太以用户为导向,一切为用户服务;井越老师以终端销售人员为导向,在优秀导购身上汲取经验,然后整合为成功的话术进行技巧培训与复制,从而服务所有导购员。产品的研发与创新不是研发人员闭门造车造出来的,而是从消费者群体中寻找需求点,然后结合科技进行创新和突破,最后才能完全满足消费者的需求,"导购术"的研发也是一样。井越老师的产品——终端销售话术,也是通过他对终端的深入调研、对优秀终端销售人员的深入挖掘之后,再结合他的经验进行再创新,最后又还给所有的终端销售人员。这种做法是务实的、创新的、有效的,也是企业所需要的。

美国政府有一项统计:实物资本投资收益比为1:3.5,智力投资收益比为1:18。后者是前者的5倍以上。一名拥有专业销售技能的顾问型导购,对企业终端销售来说尤其重要。终端的"硬件"建设对于有实力的企业来说不是难题,终端的"软件"提升尤其是一线销售人员能力的提升始终是个软肋。井老师为方太销售培训服务了4年,销售话术这个精准的定位,切中了销售能力提升的关键。

我十分认同井老师的观点,无论终端销售的哪个环节,都需要精妙的语言来支撑,这种精妙的语言是建立在对顾客需求的深度挖掘、对顾客心理的拿捏与揣测上，与多种沟通艺术相融合变成的一种技术，也就是话术。

高效成交的销售技巧不是与生俱来的，是需要后天的学习、思考与实践才能得到的。虽然由于人的悟性和自我学习能力不同，会造成销售能力的差异，但用心学过销售话术的人总会工作得更顺手一些。这本凝聚井老师多年心血与智慧的书中大量通俗易懂、拿来即用的实战案例话术模板，对终端销售能力的提升有质的帮助。

这是一本值得所有终端销售人员及管理人员认真学习、借鉴和使用的实战宝典。井老师只专注于销售话术提炼与整合的专业精神和热情令我感动，也期望井老师能再出精品，为中国零售终端做出更大的贡献。

方太销售副总裁

陈浩

前　言

把导购当成事业

我从企业专职销售培训讲师到职业讲师，近十年一直都在从事终端销售人员的训练工作，经历了从道到术的转变。道，能开拓视野、给予高度，但缺了实际工作的方法。目前导购群体的知识结构及出身背景决定了他们的知识接受格局与需求。他们需要拿来就能用的、能解决实际问题的、能提升业绩的方法和技巧。

一次给某厨具上海区域的导购员培训，一进课堂发现台下坐的全是40岁左右的大姐。其他城市的导购基本都是20多岁的姑娘，超过30岁的都是少数。受训对象与我设想的不同，培训内容也需要调整，后来问她们最需要什么培训，汇总起来都是想提高成交率的问题：

- SABAF炉头是意大利进口的，都是用在高档灶上，但火力小，怎么讲才能让顾客接受？
- 新上市的一款油烟机，采用了铝合金材质，可顾客都认为不锈钢的好，怎么办？
- JX01B油烟机适合卖给什么样的顾客？
- 在上海，帅康卖得最好，我们怎么应对？
- 我们的价格比其他同类都贵，怎么卖？

在这十年的终端培训生涯中，所接触到的无论是60后、70后还是80后、90后导购，最令他们欣喜甚至亢奋的培训是有效的话术与技巧培训。他们想的是完成销售任务，上月销量5万这月要卖到6万，多拿提成多拿奖金。能成交的技巧与话术才是他们的生存之本。梦想很遥远，要一步一步走。今天的销量就是自己价值的最大体现，这周、这月、这季度做到卖场第一，就是最大的慰藉。有业绩，才能给理想插上翅膀；今天开心了，才会规划明天。

术，能解决企业的问题，能满足导购的渴求。

那么，这本书到底讲些什么"术"呢？你能学到什么呢？

技巧性销售的成功，所依托的不是某一招某一式，或某一句销售话术，而是一套系统的销售话术与技巧的整合。

- 顾客进门，开场你怎么做怎么说？
- 留下他不让走怎么做怎么说？
- 了解需求怎么做怎么说？
- 产品卖点怎么演示怎么说？
- 顾客有了异议怎么应对怎么说？
- 顾客讨价还价怎么说？
- 想让顾客买单怎么说？
- 老顾客的维护怎么做怎么说？

……

想要成功地销售，需要掌握这一系列的话术与技巧。这本书没有理论，围绕着终端的销售流程，结合我多年在建材、家电、手机、电动自行车等行业终端不断调研的经验，将诸多行业优秀导购高效成交话术与技巧建立成庞大的素材库，并进行了整理，汇编成此书，希望这些经验能够给你带来一些助益。

井越

让顾客心动的导购术

第一章
用话术赢得终端拉锯战

站在柜台后的导购需要技巧性的表达，换句话说，就是要施展"话术"。大型卖场到处林立，有着各种同质的产品和同质的促销活动，大家都在打促销战和价格战，商家之间争位置、抢资源，最终都要回归到终端销售人员的销售拉锯战。谁能说到顾客心坎里，谁能把顾客说得开心，谁能把顾客说得舍不得离开，谁才可能是最终的赢家。终端之间的战争，就是导购间话术的拼杀，这是不争的事实。

第一章
用话术赢得终端拉锯战

决定业绩的导购话术

"话术"是什么?"话术"是导购的技术和技巧,是在敏锐洞察顾客心智的基础上燃起其购买欲望的沟通技巧。

一名优秀的导购,要能够创造让顾客敞开心扉的良好沟通氛围,能够深入了解顾客需求,并能够用自己的语言让顾客理解自己所推销的产品能够满足他的需求。

导购若想业绩傲人,就需要规范自己的言行,让自己的语言高效地达到自己的目的。同一款产品,1000个导购员会有1000种说法,高效成交的往往不超过100个,另外的900个都是乱说一气。就像足球运动员在场上胡乱踢球,射不进门是常态,得了分全靠运气,这样无意识地去工作,怎么能提升业绩?

每位导购都会遇到下面的几个问题:

- 市面上的产品同质化严重,我作为导购该怎么讲?
- 竞争对手某款产品功能和我的一样,但价格更低,我该怎么应对?
- 产品有很多卖点,怎么直观演示给顾客看,打动顾客使其购买?
- 不同身份、不同需求的顾客,导购该怎么接待?怎么有针对性地去介绍?

这些客观存在的问题,只靠理念的灌输永远无法化解,只有具体去分析应该怎么做,才能让问题迎刃而解。

2010年9月,在郑州培训的间歇,我陪一个朋友去宝马4S店看车。朋友早已看上了5系Li,并在网上查阅了所有资料。该车刚上市现车紧张,事先我们得知该店有现车,只需要现场体验满意就可订车。朋友在郑东新区的环线上试驾,坐在旁边的帅哥销售员反复只念叨三句话:"先生,您有没有感觉到推背感?动力是不是特别强劲?发动机声音是不是特别沉稳?"除了这三句话一路上别无它话,下车后朋友摇摇头走了。我问其原因,他回答:一是提速慢,2.5L发动机还不如他原来的帕萨特1.8T提速快;二是发动机声音大;三是老感觉车屁股后面拖着一辆车,不适应。

宝马的品牌与产品毋庸置疑,那么问题出在哪?是销售技巧与方法上出现了瑕疵。

试车的过程很沉闷,最基本的需求了解都没做:是准备家庭用还是商务用?是自己开、司机开还是家人开?是长途多还是短途多?原来开的什么车?

这些了解需求的话术一个都没展开,不知道一直强调的推背感是不是顾客所需要的,没有创造一个良好的沟通氛围,顾客也没有敞开心胸,而是把不满藏在了心里,自然不会成交。其实他觉得噪音大可能是宝马对发动机刻意调校的结果,驾车感觉不好也许是因为不习惯这车的驱动方式。本应该很容易化解的成交障碍,在不懂技巧与话术的销售人员面前却成了难以逾越的大山。

导购究竟怎么做才能让顾客心动,可以通过五个步骤来实现(见表1-1)。

表1-1 话术提炼和推广五步骤

步骤一:市场调研	步骤二:话术提炼	步骤三:技巧整合	步骤四:强制复制	步骤五:全国推广
1.剖析产品 2.分析竞品 3.了解顾客	1.卖点通俗说 2.卖点故事说 3.卖点演示说	1.高效待机 2.有效接近 3.成功探询 4.产品讲解 5.化解异议 6.绝对成交 7.重复购买	1.强制读 2.必须背 3.相互讲 4.上台练	1.区域试讲 2.提升验证 3.全国复制

对于销售人员来讲,最需要掌握的是能促成成交的方法与技巧,用看得见摸得着的方法解决看得见摸得着的问题。

从无意识销售到技巧销售的转变

终端销售竞争越来越激烈,每个行业、每个品牌、每个导购都期望在终端用最短的时间达成销售,都在追求"1分钟快速成交法"、"3分钟成交法"等,但往往事与愿违,30分钟、60分钟过去了,却依然不能成交。销售看似简单,却是一个非常复杂的过程,导购人员需要在销售中使用各种技巧与方法。不去使用良好的策略和方法,和顾客说得再多,也都是无用功,达不到良好的效果。

我为多家耐用消费品企业做过终端巡回培训,每次培训前都要做深入的市场调研。在各地调研时我发现一个共性:凡是采用了技巧性销售的导购员成交率都很高,无意识销售的导购员成交率就极低。

什么是无意识销售?什么是技巧性销售?举几个例子就很容易明白了。

去手机卖场,手机导购一般都会问手机是买来谁用的,但得到答案之后的反应却不尽相同,如下面两位导购:

导购A:"您手机给谁买的啊?"

我:"给我女朋友买的!"

导购A:"这款不错,您来看看,喜欢的话我给您拿真机。"

导购B:"您手机给谁买的啊?"

我:"给我女朋友买的!"

导购B看了我两眼,说:"帅哥,您这么帅,您女朋友肯定也很漂亮,漂亮的女孩子一定要用漂亮的手机,您看下我们最漂亮的这款手机。"

导购A和B的区别在于:导购A得到顾客答案后赤裸裸直奔主题,马上推介产品!任何顾客在刚与导购接触的前几分钟,都是戒心最重的时候。顾客刚到卖场,接触的是陌生的环境和陌生的人,没有自己熟悉的事物。陌生就会造成紧张与戒备,紧张与戒备就会影响他对信息(事物)的判断,接着会形成强烈的自我防范意识。在顾客的戒心未消时推介产品，只能事倍功半！这明显是没经过训练的无意识销售。导购B在得到顾客的答案后，不是直奔主题，而是通过赞美进行过渡，营造对顾客的关注以弱化推销意愿，站在顾客角度为其建议应该购买什么样的手机合适，进而化解顾客的戒心，并为要推荐的手机做好了铺垫。这是经过思考后的一种有效应对。

在成都做市场调研时，我发现所有的手机导购员都会向顾客索要SIM卡："先生，您的手机卡给我用下，试一下机器！""先生，这个采用的是2.5G上网，拿您的手机卡试试，网速很快！"后来在明访座谈时就问导购员要顾客的SIM卡有什么目的？导购员的回答很一致：为了留住顾客。要了手机卡，顾客不容易走掉，就算一定要走，我没把卡拔出来还给他，他还是要回来。

在长沙调研时，走遍全城没发现一个导购向顾客索要SIM卡。偶然某店一个导购向我索要了SIM卡，我颇是兴奋。然后向其亮明身份问她为什么向我要卡，没成想导购是这么说的："井越老师，您老是在问这个手机上网速度快不快，但我的卡上网没包月，所以想用您的试试。"明白了，这个导购员是为了给自己省钱。

导购要SIM卡是刻意的，是为了留住顾客，这是一种技巧。但有的导购仅是为了省钱，这是把日常生活中省钱的习惯用到了工作上，并不是工作上的技巧。

从上面几个案例中，可以清晰看出销售的差别。有的导购在销售过程中采用对应的销售技巧，而且这种技巧是刻意的，统称为技巧性销售。还有很多导购在销售过程中都是无意识地在说话，统称为无意识销售。

在这里，我所举的是手机的例子，在每个行业均有这样的例子。比如建材市场上，女性顾客一伸手摸建材，导购马上一句话："您的手保养得真好！"这就是技巧性销售。见到顾客摸什么产品，马上开始介绍什么产品，这就是无意识销售。我们发现，在任何行业判断导购优秀与否可以用一个通用的标准：到底是在无意识销售还是技巧性销售！

第一章
用话术赢得终端拉锯战

技巧性销售,采用了敏锐洞察顾客心智并燃起其购买欲望的沟通技巧与话术,是创造让顾客敞开心扉产生信任与依赖的良好沟通氛围的技巧与话术,是深入了解顾客需求并满足顾客需求的技巧与话术,是导购快速成交的逻辑思维模式。

五步全面展示自己的产品

2011年元旦与两位培训师逛卖场,在广州正佳苏宁电器二楼电梯口拐角处发现一个玻璃台上有个圆盘在前后左右跑,上面没有其他标志,仅有个英文的商标(后来才知道这个产品叫"科沃斯地宝")。乍一看有点像电饼铛,没人见过会自己跑的电饼铛吧,而且电饼铛也没电线、天线这些装置,从外观无法判断它的功能与作用,甚是新奇。

站在玻璃台后的导购员看到我们对这个"怪物"有兴趣,马上说:"先生您好,这是智能拖扫机!"智能拖扫机?拖扫机没听说过,只知道拖把和扫帚。看我们一脸的迷茫,导购接着说:"可以自动打扫房间,启动之后不用管,自动识别障碍物,自动打扫房间,包括墙角、桌底、床底。"这下才明白,这是个具有扫地功能的机器人。导购把拖扫机从台上拿下来,放到地上演示,拖扫机遇到桌角、墙体自动转向,看起来十分先进。

很先进,有创意,没见过。在我们三个围观时,旁边也来了几位好奇的逛客。

"旁边有边刷,可以刷到边角;还有像吸尘器一样的功能,可以清扫毛发。您看这里有个尘盒。"导购接着讲。

这是个新鲜玩意,我没见过,便问:"它怎么自动清扫?"

"前面有一个高度感应器和碰撞板,只要前方的高度够,不触碰感应器就会自动向前;如果碰到碰撞板,会自动转向。"

明白了,拖扫机没有眼睛,只能靠身体感触,不撞南墙不回头。

"没电了,它会自动回去充电。"导购接着说,果然,拖扫机自动跑回到了充电架上。

"是个不错的小孩玩具!"同行的培训师感叹道。

导购接着讲:"它还能预约定时,操作很简单!"

我接着问:"充一次电能用多久?能打扫多大面积?"

导购:"充一次电可以用1个小时,一次可以打扫150平方米的房间。"

我突然想到自家的房子客厅灰尘特别多,卧室则灰尘少,接着问:"灰多灰少是不是一样的扫法?"

导购:"不一样,有不同的模式,它能自动识别判断,灰尘多时进行螺旋形的清扫,灰尘少时进行扇形清扫,没有灰尘就直线行走。"

设计考虑得很周全,效率高,还节能。

家里的书桌特别大,我问他:"除了扫地板,能不能扫桌子?"

导购:"可以的。"

那我就奇怪了:"前面没东西挡,那它不会掉下来?你刚才说的那个什么感应器是对高度和前方障碍物有判断。"

导购这时不理我了,开始对旁边的一个女顾客说:"您可以了解一下,使用很方便。"

我拿了张单页离开了,接着围观的几个人也散了。

这个产品确实很好,智能、简单、实用,能吸引很多顾客。但这个导购没有充分掌握产品的销售话术,没能把产品的卖点与顾客需求相结合以达成销售。

演示吸引

决定购买的因素有感性因素与理性因素,卖场中的多功能料理机的销售就是把握住了顾客的感性因素。现场演示有:磨冰糖、磨大料、榨果汁、做奶昔、做豆浆,好像无所不能,给顾客的第一印象就是多功能、实用,加上品尝、体验、活动的诱惑，大多顾客脑袋一热就掏钱购买了。我问过很多购买料理机的朋友回去用过多少次，大多是回去新鲜了半个月，以后再也没用过。再回想一下料理机的演示过程：先派送果汁、奶昔吸引顾客（味觉吸引），磨冰糖发出巨大的咔咔声吸引顾客（听觉吸引），先聚集人气，才好开始做各种演示。

智能拖扫机的展示柜台在自动扶梯转角处，一个大概宽50厘米左右的玻璃台。这个位置很难吸引所有顾客的注意，既然视觉上不能吸引所有人，就要在听觉上下工夫，演示时可以配合"吆喝声"和音乐来吸引顾客。同时，在演示的过程中，如果有些纸屑、毛发等做配合，比仅在玻璃台面上空转的吸引效果更好。

开场话术

智能拖扫机，这个名字能涵盖产品的所有功能，但这个词对顾客来说是陌生的，不能马上产生联想。开场的第一句话，一是要让顾客明白你的产品的核心卖点，二是让顾客产生兴趣，激起购买欲望。只报出"智能拖扫机"的说法有待商榷，下面这两种说辞会不会更好？

- 这是中国第一款自动吸尘器，还能自动拖地、扫地！
- 看一下最新上市的扫地机器人，省力、省事、省心。

如果一定要在第一句话中体现"智能拖扫机"这个概念，就需要在产品的上盖贴上"智能拖扫机"这行字，在讲第一句话的时候，配合动作，手指智能拖扫机，有助于顾客理解。

卖点话术

根据导购的讲解和单页介绍，这款产品的核心卖点在智能，但智能这个概念是模糊的，需要导购员将智能这个概念转化成能给顾客的生活带来便利：不用费劲（省力）、不用看管（省事）、不留死角（省心）。

话术模板

1.不用费劲（省力）：

上班已经够累了，下班回家更需要放松，以往打扫房间，用扫帚扫完了还要用拖把拖，比上班还累。智能拖扫机只需要按一下键，您的双手就解放出来了。

2.不用看管（省事）：

启动后，它会自己判断灰尘多少，灰尘多时螺旋形清扫，灰尘少时扇形清扫，没有灰尘时直线行走。我演示给您看看。

3.不留死角（省心）：

桌底、床底这些地方，用拖把或吸尘器都很难清扫到，智能拖扫机会自己钻进去打扫，一点卫生死角也不留。

用通俗的语言，把智能带给顾客的好处表述清楚。也可以辅助一些故事，比如哪位顾客买了智能拖扫机以后，家里的小孩子特别喜欢，现在家里的卫生都是小孩子用拖扫机打扫，也培养了孩子打扫卫生的好习惯等。

销售技巧话术

一个标新立异的产品，顾客虽然会很有兴趣，但戒心会很重。导购需要和顾客进行彻底的沟通，获得共鸣与认可，使其信任产品，最后才能购买。产品是核心，但围绕产品之外的话术更能决定销售成败。开场的话术、了解顾客需求的话术、产品异议处理的话术、价格异议处理的话术、品牌异议处理的话术、催单的话术等，每个环节都需要固化训练。拖扫机的这位导购，仅仅是对产品比较了解，但销售技巧话术的掌握却是空白。最起码的了解顾客需求的过程都没有，比如问问顾客房屋面积大小、地面构造等，这就是不会使用导购话术的表现。

演示话术

小家电的销售中，冲动性购买占据了很大一部分。这就决定了在销售终端必须通过演示将产品的功能、核心技术、操作方式、优异品质等产品利益点直接地操作展示给消费者，在一刹那勾起消费者的购买欲。可以打动顾客的演示内容有很多：清扫的三种模式、自动压缩灰尘、自动清扫死角、自动返回充电、清扫书桌不掉落等。演示的话术与演示动作要协调，就是口、手、眼要协调统一，同时一定要注意顾客的互动参与性，导购演示一遍后，马上请顾客参与。

比如清扫书桌不会掉落，智能拖扫机走到桌子边沿会自动折回："如果用它打扫书桌的话，您完全可以放心，它根本不会从书桌上掉下来，它的底部安装了感应器，如果前方无路可走，它就会自动转向。"

我其实挺看好地宝这款产品的创新性与科技含量，如果有好的销售话术来支撑，销量的井喷不是神话。

让顾客心动的导购术

第二章
把客人吸引到你的柜台前

各大卖场里，每个柜台都摆满了琳琅满目的商品，让顾客挑晕了头挑花了眼，不知道买谁家的产品更好。这时导购要第一时间把顾客吸引到自己的柜台前，否则，顾客不来关注你，有再多的话术也是白搭。

第二章
把客人吸引到你的柜台前

让产品、顾客和自己都动起来

人们对静止不动的东西很可能会"视而不见",在卖场中,安静地不引起任何人的注意,可能永远也卖不出东西,所以,作为优秀的导购,一定要动起来,把顾客的注意力都吸引过来。

4月里的一天,很多南方城市的气温较高,家电商场还没有进入销售的黄金时期,所以商场人不多。一位大姐来到小家电专柜区域,边走边说豆浆机的清洗太麻烦了。多功能搅拌机专柜就在豆浆机专柜对面,导购一听这位大姐的抱怨,马上说:"买我们的多功能搅拌机吧,清洗方便,用完拿水龙头一冲就干净了,几秒钟就全部搞定。"同时还用准备好的黄豆现场打了一杯豆浆,然后清洗给顾客看,全程下来也就不到2分钟时间。然后导购继续说:"现在天气马上热起来了,这款搅拌机还可以做水果奶昔,方便又快捷,功能齐全。您自己来试试看。"那位大姐一听,亲自试了下清洗的过程就买了一台。

从以上这名导购员的销售案例当中,我们可以以点带面仔细分析销售过程当中导购员成功的法则。

让产品"动"起来

动——工作。产品是静止的,产品自己不会说话,只有活的会动的产品才能对顾客产生吸引力。想让产品动起来,导购员是最终实现的载体,让自己的产品随时保持在工作状态,在顾客光临的时候随时能够"动"起来,让产品去展现自己的魅力。案例中顾客本来想要买的是豆浆机,但顾客深层次的需求是买一台清洗方便的能做豆浆的机器。针对这一需求,导购员强调了搅拌机清洗方便,同时还能做豆浆,通过一连串的娴熟动作实现了自身产品与顾客需求的契合。

动——生动。干巴无聊的东西没有人会喜欢。我们需要通过视听辅助器材,让看似枯燥的产品介绍更生动、活泼和有趣。充分利用演示道具、KT板、宣传资料、照片、视频、单页等一切可以利用的资源,为产品介绍锦上添花。

只有会动的产品才能对顾客的吸引达到最大化。静止的产品不会说话,要让产品动起来。这就要求导购员让自己的产品随时保持在工作状态,做好对比部件的准备、销售道具的准备。在顾客光临的时候随时能够动起来,让产品自己展现魅力。

让自己"动"起来

在零售终端,销售人员接待顾客的时间大多不超过每日工作时间的20%,还剩80%的时间是"闲"着的。好的导购人员,不仅在接待顾客的时候能够"动"起来,空闲的时间也不能浪费。那么这80%的空闲时间应当怎么运用?很多导购员一旦有闲暇时间就不知所措了,要么傻傻地站在柜台前无所事事,要么东游西逛。一名优秀的终端销售人员无论是在闲暇时间还是在销售阶段,都必须要让自己"动",完成和提升成交量。

音动——静态的音动即主动地去听。闲暇时可以听一下竞品的销售人员在讲什么,顾客在说什么,了解一下顾客在竞品那里都关注什么产品。当和顾客面对面接触进行销售时,就能做到有的放矢。

手动——俗话说"眼见为实,耳听为虚"。说得再多,也不如亲身示范,况且还可能有言多必失之虞。一次成功的产品示范,胜过千言万语。

身动——闲暇时尽量不要静止在自己的专柜里,或者干脆加入到闲聊的队伍当中。应到处走一走,动一动,但这个走动的过程绝非漫无目的地闲逛,而是去寻找目标顾客。同时通过身体的各种动作代替语言,配合产品讲解,丰富的肢体语言也会让产品介绍生动起来。

情动——通过自信、自豪的表情,加强顾客对导购及产品的信心;通过痛苦的表情,表现出其他产品的功能、设计缺失所带来的生活不便;通过快乐的表情,表现出产品优越带给生活的快乐体验。用自己的情感去带动顾客,更能够掌握销售中的主动权。

在前面的案例里,这个导购员成功的基础是她把握好了这些原则。虽然商场人很少,但依然关注着周围所有人员的动向,尤其是顾客的动向,顾客在关注什么产品、顾客在说什么。这个过程还让导购员了解了顾客的需求,可以有效避免自己"失言",对产品缺点进行规避。例如本案例中,顾客想买的是豆浆机,对面品牌的豆浆机可以直接将豆浆加热,搅拌机能做豆浆但却不能将豆浆加热,对此缺陷,导购员明显采取了规避策略,强调了搅拌机的多功能性:不但能做豆浆,还能榨果汁、做奶昔。

让顾客"动"起来

为什么魔术师在表演时喜欢找现场观众一起表演?因为人性本来就是多疑的,没有亲身参与,总会怀疑那是不真实的。让顾客感到产品带来的便利是真实的,最好的办法就是让顾客亲身参与、亲自使用。挪动机器,可以让顾客帮忙;拆装机器,可以让顾客协助;操作机器,可以让顾客自己动手……总之,就是要让顾客亲自体验产品的功能。一旦顾客亲身参与进来,不但可以有效加强他们的参与感,更能提高产品的可信度,成交的概率当然也会随之提高。

现在的消费者对产品越来越挑剔,也越来越精明,说得再好听顾客也未必会相信,演示才是最好的手段。现场的演示以及顾客在演示过程中的参与,可以化解顾客的疑虑。通过销售体验法可以让顾客"动"起来,亲自体验使用产品时的感觉,让顾客找到在自己家里使用这款产品时方便、快捷的感觉,从而对产品产生认同感。娴熟的演示操作,对销售更是如虎添翼。

除以上三"动"外，导购员关键是要多"动"脑，用成功的技巧和方法有意识地销售，而不是任意地无意识销售。

有一次我在合肥某建材市场做集成吊顶的市场调研，我先去暗访。暗访结束刚出门，就在门外遇到了该店的老板。因为提前和老板见过面，老板一眼就认出了我，拉着我的手说："井老师啊，你转了我的店面，你发现我店里的人有什么问题啊！"

我很认真地告诉老板说："你的导购员不会主动接待！"

旁边的店员听到了，马上反驳我："我哪不够主动了，你来了我没给你讲？你要看哪款哪款我都给你介绍了啊！"

我说："你是都给我讲了，我指的款式你都给介绍了材质、工艺，但这并不是真正的主动接待。你知道我是从哪家店进来的吗？你知道我进你的店之前都去过哪几个品牌的店吗？你那明明有沙发，为什么不让我坐？你那有饮水机有纸杯子，为什么不给我倒水？我对'地老天荒'那款很感兴趣，你为什么不给我看效果图？我担心浴霸的灯泡会爆炸，你为什么不给我做实际的演示？我担心冬天洗澡吊顶上会有积水滴下来，你为什么不给我做滴水演示？我说我要走，你有没有去挽留我？你有没有问我的电话号码？这些你做到了吗？没有做到就不是主动接待！"

主动接待这么复杂？主动接待不就是主动迎接顾客，再和顾客展开交流，接着主动给顾客讲产品吗？不是这么简单，按照上文案例的思路，进行延展，**主动接待概括起来就是眼动、手动加激动，不要忘记产品"动"**。

你会站在门外或柜台外吗

我们经常见到卖场的门口举办各种活动，有不少促销人员努力把路人引进

第二章
把客人吸引到你的柜台前

卖场里来，尤其在是大型节假日的时候。同样的，各品牌的导购员也该站在柜台外，让顾客走近自己的陈列柜，才好完成后面的销售过程。

一个卖场里面不会只有一个品牌存在，各种品牌都有。卖场会想办法吸引客流，卖场帮你把顾客拉进店后，在这么多的品牌中，你的位置在哪里？能排在第几位？如何让顾客到你的柜台前，需要我们主动动起来，也就是8个字——"站在门外，站在柜外"。站在门外，笑脸相迎！站在柜外，高效拦截！

某大卖场中，各家手机品牌间的竞争十分激烈，这里的导购员都会站在门口，而且要排班站在门口，以确保门口一直有导购员在招呼客人。如果顾客来了，导购员不站，那肯定会被其他品牌的导购员把顾客拉走。站在门外，需要笑脸相迎，似乎很简单，但是做起来还是很难。我走访的优秀导购员说："我们销量好都是因为我们心态好，我每天都是开心地卖手机。"这些优秀导购员面对顾客的时候都能微笑，可惜我们看到很多导购员都是苦瓜脸，本来想买东西，也被这表情坏掉了兴致。

在做销售的时候，并不需要有像空姐一般的微笑，露出8颗牙齿，只要看起来自然，让顾客感到舒服即可，美丽的笑容会为你留住很多顾客的。

我曾见过一个手机柜台的导购，穿着都非常前卫怪异，看起来简直就是外星来客。当然他们的目的都是为了吸引顾客，是拉客的一种手段。当然如果你敢这么大胆地穿成"外星人"，你也可以站在柜台内不出来！如果你不敢天天这么穿着打扮（估计也没有哪个老板让导购这样打扮），请你站到门外、柜台外！

柜台没顾客也别闲着

你柜台这里没人？这会儿你应该怎么办？

做过区域经理的都有这样的经历，某个门店销量不好的时候，问导购原因，基本上是一致的答案："店里没人。"那么人都哪儿去了？

让顾客心动的导购术

有一次为某手机企业调研，导购说他们销量不好，柜台前都没顾客。我问她，你有没有注意别人的柜台那里有没有人？你附近的竞争品牌那里有没有人？你有没有注意他们那里的顾客看的是什么机器？她很委屈地说："卖场不允许我们走出专柜，不准去别人柜台。"

我问："你们卖场的厕所在哪里？"

导购说用手一指，原来在门店的尽头，去的过程能路过大多品牌的专柜。

我就告诉她："你去厕所的时候是不是经过他们的柜台，你不就能看看到那里的顾客看的什么机器？还有你们仓库在哪？你去仓库的时候是不是能看到那边的顾客看的什么机器？"

你柜台没有人的时候，你要主动观察周围，不仅要关注店外的顾客，还要关注竞争对手那里的顾客。

有一个优秀的导购告诉过我："由于我不是第一个柜台，那么我会观察顾客在别人的柜台里看的是哪种机器，然后再拿一台相应的机器介绍给他！"好的导购员都是这样做的，会分析竞争对手那里的顾客关注什么，到了自己这里，应该拿什么去应对。

让顾客心动的导购术

第三章
抓住开场接待的30秒

有多少顾客可以再来？有多少话语需要推敲？顾客来店里转一圈就走，知识丰富、口吐莲花的导购也无计可施。没能在顾客驻足的30秒内抓住顾客的心，再多的准备也是徒劳。

第三章
抓住开场接待的30秒

抓住顾客的注意力

如何在顾客刚刚驻足的时候来一个很好的开场白呢？下面用两个店的导购采用的不同接待方式作为对比，看看怎样在开场就抓住顾客心理。

我太太想要换个舒服的床垫，之前的家具都是太太选的，我对床和床垫没太关注，根据太太的指令，我去了家具城先了解一下。

在家具城，我遇到了两位导购高手，下面就把这两位高手的销售技巧和话术和大家做一个分享。

导购替顾客做主

如果遇到那些并不明确自己需求的顾客，直接推荐合适他的，单刀直入，这是个好选择。

我进店后随手按了按摆在店门口的床垫。

一个身着白衬衫的美女（以下简称小白）迎宾后马上说："这款床垫稍微硬一点，您比较喜欢睡硬一点还是软一点的床？喜欢哪一种，可以躺上试试。"

软的还是硬的，我还真没概念，接口道："我这种体型的，适合睡哪一种（我的身高175厘米，体重115斤）？"

小白上下打量了一下说："您来这边看一下，这款比较适合您的身材。"

我很好奇地问："为什么？"

她轻笑着说:"人的体型不一样,需要的床垫也不一样,您的身材偏瘦,比较适合这种乳胶的。"接着做个手势把我引到一款乳胶床垫面前。

"我进店后随手按了按摆在门口的床垫",我进店后马上锁定的一款产品(锁定表现:驻足观看、用手触摸),没有经过仔细甄选的举动大多是随意性动作或者是好奇性动作。我的动作是没有目的性的,这时候如果小白判定我对这款产品产生了浓厚兴趣而着重推荐,开始背诵产品卖点,大多会失言,同时马上会丧失自己的主导地位,我随之而产生的异议就蹦出来了,剩下的时间更多是被动地解决异议。

面对顾客进店的首个动作,先有回应并满足其好奇,也就是"摸啥讲啥、看啥讲啥",但要点到为止,并不能全面展开。首个动作,不是购买信号的表现。并不是每位进店的顾客都清楚地知道自己应该买什么样的产品,导购对进店顾客该做的事情是帮助顾客做选择和判断,从而塑造顾问的形象。

小白在开场接待做得不错,先一句话介绍我摸的这款产品,回应我的动作,然后转换思路,了解我想要什么,力争做到有的放矢。当我自己无法判定或不愿意说出自己的目的后,根据我的外部表现特征去推敲我的心理,言之有据。在几次简短的对话中,把自己的专业形象给体现出来,也占据了主动地位。

让顾客自己做主

我们再看看第二家门店的导购高手是怎么做的:

我进店后也按了一下床垫,受第一家门店导购的影响,我想寻找一款稍微软点的床垫。

一个扎着红领结的导购(以下简称小红)迎宾后说:"床垫的舒适程度用手是按不出来的,您要躺上去才能试出来。"

有道理。我躺下后,小红帮我摆放好双脚说:"您可以感觉一下,平时喜欢硬一点的还是软一点的呀?"

我反问:"那你觉得我应该睡软的还是睡硬的?"

小红呵呵笑一下说:"这个我就看不出来了,要看您自己的感觉,一般男士背部肌肉比较结实,喜欢睡硬一点的。"

我接着说:"但是我背上没肉,按摩都怕疼!"

小红又是呵呵一笑:"有点瘦哦。我跟您说呀,西医建议不睡过硬的床,但中医就建议我们不睡太软的床,这两种说法都有道理。过硬的床不贴腰,因为人的脊椎不是一个平板是S型的,不贴腰这里就是悬空的状态(演示:把腰部下面按下去,使腰部悬空,让我感受不贴腰)。您想一下,腰肌为了保护脊椎,一直处于紧绷的状态,所以中国90%的人到了中老年就有不同程度的腰骨病,就是因为中国人传统理念睡床要越硬越好。其实不是这样,床太硬的话,睡一夜腰是很累的。人的腰部和臀部是最重的,占人体比例的60%,如果太软的话,这样子腰臀就会往下陷,这个位置向下陷(演示:把臀部床垫按下去),所以到老就很容易形成弯腰驼背的现象。为什么小孩子不能睡过软的床就是这个原因,因为小孩子的脊椎还在发育。您再侧身感觉一下这张床。"

进店按床垫是我在两家店同样的动作,小红和小白的迎合话术不同,小红首先塑造自己的专业形象:床垫合适不合适按不出来,要躺上去。

同样的问题问我是喜欢软床垫还是硬床垫,我都没有做明确回答,让她们根据我的体型进行介绍。小红随即应对"要看您自己的感觉",但后面一句话却在引导我确认信息:"一般男士背部肌肉比较结实,喜欢睡硬一点的。"潜台词是我应该也喜欢睡硬的。暗示依然没有得到明确信息后,她开始让我自己进行判断,举出了中医西医的不同观点,并按压床垫的不同位置让我产生不同的感受,再引导我去做出判断。从开场到介绍产品,我没有感觉到她是推销,是想卖给我床垫,而是真诚地告诉我应该怎么选择适合自己的床垫。

弱化推销形象,化解顾客的戒备心理

小白是根据我的体型告诉我应该选择什么样的床垫,由她做主;小红是让我凭自己感觉判断自己适合什么样的床垫,由我做主。

无论是谁做主,两个导购的开场出发点都是激起我的兴趣,顺势引导我的体验,开场便将我的注意力抓得牢牢的。躺下后,让我感受真实的贴身舒适,经过引导后体验出来的是新鲜、舒适、温暖感觉,让我不愿就这么离开。就算离开了店,温馨的感觉依然不散。

谁做主,要看顾客的类型。

对于优柔寡断型顾客、不了解产品的顾客、不清楚自己真正需求的顾客,导购就要抓住其心理,帮其决策。而较有主见的顾客,最好让他自己做主,自己在一旁起到引导作用。

但顾客的性格并不是三言两语就能判断出来的,在没有明确判别顾客的性格前主观臆断给顾客下结论,会适得其反。大多顾客不喜欢别人替自己做主,更喜欢自己掌控。比如,小白说顾客适合睡软床,虽然她是对的,但有的顾客会觉得她挑战了自己的选择权。

在一开场,小红的做法更妥当一些,让我自己感受、自己判断、自己选择,同时加以引导,在引导的过程中塑造自己的专业形象。

为什么你的顾客匆匆来又匆匆走?重点检视一下自己的开场内容地。**成功开场的评判标准是:弱化推销,塑造顾问形象,化解戒备,激起了解欲望,探测需求抓住顾客心理,引导介绍有理有据。**

买不买,先把人留下

俗话说"拿人手短,吃人嘴软",得了别人的好处,就要对人客气一点。同样的道理,如果顾客喝了你的水,他挑衅的情绪就会降低。一杯水,能拉近距离,能降低挑衅,能给予尊重,能创造温馨的沟通氛围。一杯水,能融化顾客的戒心。

引导顾客坐下，或搬个凳子让顾客坐下，不但能起到和倒水一样的效果，还有更多的好处。

顾客站着看，导购员站着讲，这样顾客看着累，导购员讲着累。站着的顾客，并不能平心静气地听导购讲解。

让进店的顾客站着，也不符合中国传统的待客之道。

而且站着的时候顾客随时都可以走掉，当他拔腿就走的时候，留给你的挽留时间很少。如果顾客是坐在那里，他要走的时候就有一个起身的动作，这时候你就可以挽留。

所以，亲切地引导顾客坐下来是销售的第一步。

顾客进店之后，待在店内的时间越长，那我们成交的机会就会越多，而竞争对手的机会就越少。留客的方法也有很多，在实际操作中要灵活运用。

首先就是让顾客坐下来，这是成功的第一步。你给顾客倒杯水，顾客喝了水你也是成功的。山东的优秀电动车经销商留人的方法是：店里准备了豆浆机，只要顾客进店，让座后马上递上鲜豆浆。顾客接了豆浆，都会听你细讲。

要留住顾客，首先就是让座，让座最好是带有小茶几的座位，让座也有几点技巧：

第一个：同伴让座。

顾客来了，如果有两个导购员，要分清主次，一个负责主讲，另一个负责配合拿椅子，引导顾客坐下。

第二个：刻意让座。

同伴让顾客坐下来的时候，顾客没有坐下来，这时候导购员就要告诉顾客："坐下来慢慢挑选的产品才能更适合自己，我们坐下来帮您挑一款适合您的产品吧。"

第三个：看样品让座。

如果顾客依然没坐下，就要想其他办法让顾客坐下来，比如要试用产品的话，导购员就要自然地把产品直接拿到茶几上去试用，而不在柜台上演示，这时候顾客一般就会跟着你过去，并坐下。

第四个：坐到角落。

有茶几的座位，坐的时候也要有讲究，顾客准备坐下来的时候，导购员尽量把他们安排在角落靠里面的位置，这样的好处就是顾客想走的时候，能及时拦截下来，给你一个挽留的机会（如图3–1所示）。

图3–1　让顾客坐到角落的示意图

在图中我们能看到有顾客在买手机，两个导购坐镇。注意顾客坐的位置，是在茶几的里侧。专柜围成了U型，导购让顾客坐到了最深处。

第五个：堵住去路。

如果你让顾客坐对了位置（如图3–2所示）。你把出口堵住，顾客是轻易走不出去的。

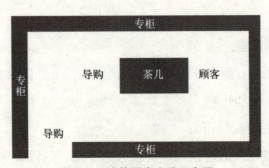

图3–2　堵住顾客去路示意图

我在成都遇到的手机销售高手这样摆专柜，他们用专柜把茶几全部围起来了，导购引导我坐下来试机，我坐下来一看，发现自己坐到了最角落里，而且出口只有一个，还被站着的导购给挡着。困在这里的顾客，十有八九都会成交。

第三章
抓住开场接待的30秒

成交永远留给有准备的人

开门第一事：准备好所需用品

足球场上运动员把进球做为第一目的。且见场上的潇洒盘、传、带，什么"回头望月"、"蝎子摆尾"、"鱼跃冲顶"、"倒挂金钩"之类，使尽浑身解数。可如果不留意上场前整球衣、绑护膝、系鞋带这些准备，一记射门，鞋带没系紧，恐怕飞出去的不是皮球而是球鞋。销售也是一样，在销售前一定要做好准备工作。顾客到来时，因没有充分准备而手忙脚乱，往往意味着你失去这单生意了。每天第一件事：准备好所需的物品。

在为某手机品牌做销售话术提炼项目时，我去成都做市场调研。有人告诉我有个手机导购很厉害，据说每个月销量不下于200台。那个卖场的手机竞争已经白热化，在这种地方每个月销量不下于200台，是精英中的精英了。我扮演成顾客去调研，发现她的产品讲解方法无可挑剔，尤其与众不同的就是手里一直拿个小黑包。这个小黑包简直就是个百宝箱，我要试机，马上给SIM卡；我要看视频，马上换存储卡。小小的黑包藏了无尽的销售利器。我对这个一直不离手的小包产生了浓厚的兴趣。后来我就亮明了身份，她打开包，大家可以看看包里都藏着什么宝贝：

SIM卡5张，读卡器3个，存储卡3个，1元硬币1个。

这些宝贝都有什么用？

先说SIM卡，SIM卡一般手机导购都会准备，手机如果没有卡插入，只能使用50%的功能。但一般导购都是准备1张卡，为什么她要准备5张？她告诉我："第一，凡是主推机里边都应该插上卡，主推机可能是一个也可能是两个，随时拿过来，不用往里面装卡，随时都可以用。第二，有时候顾客看上的不是主推机，要试其他机器，这时候不能把主推机里的卡拔出来，浪费时间，所以要多备几张卡。第三，如果你碰到多个顾客的时候，一张卡够用吗？不够用。"

真是心细如发。

那读卡器为什么要准备3个呢？一般导购都不准备读卡器。她毫不保留地说："因为有很多的顾客，他们对于音乐、待机的画面、图片、背景、软件的要求是各种各样的，但存储卡不同，读卡器也不同。有的时候，我要在店里的几个电脑甚至家里的电脑上拷贝顾客要的东西，我随时都能解决。"原来这般。

我接着问："那存储卡为什么要备3个呢？现在手机的T卡不都是一样的规格吗？"她呵呵一笑："这是小秘密，但我告诉你。现在卖的手机配置的T卡是都一样的，但T卡的容量有限，而我经常在家准备一些顾客常用的图片、音乐、视频、软件都比较大，分类存到不同的卡里用起来更方便。而且有的时候，顾客买了新手机后，他旧手机的资料要存进新手机里，新旧手机的存储卡未必一样，我这是有备无患。"

"那硬币又是干什么的呢？"

她嘿嘿一撮嘴："这是我的幸运币，会给我带来好运。有的时候要给顾客演示屏幕耐划、耐刮，我就用这个硬币演示。"

高手果然有不同之处。把在终端销售过程中能遇到的问题都做了充分准备，顾客任何的需求与异议都可以轻松应对，销售业绩能不好吗？

同样，我在湘潭调研时，对方给我推荐了一个最优秀的手机导购员，在和她座谈时，问她为什么她的销量比别人好，她歪头想了一会告诉我："可能是我做的准备比别人充分点吧。"在我不断的引导中，她说出了她的准备事项。

我对导购每天要做的准备工作进行了如下的总结：

1. 货品库存。

导购的职责都有信息反馈一项，哪些畅销品的库存不足了，哪些产品滞销积压了，都需要向上一级及时汇报。这些事是日常要做的，每天要做的第一件事就是清点库存。手机的单品较多、颜色各异，有什么产品可以卖，都是在营业前要掌握的。

记得有次调研时，一对情侣买手机，导购介绍一款机子说有三种颜色：白、粉、蓝，可以一人买一种颜色，组成情侣款。顾客就选了粉色和蓝色，结果导购去仓库拿货时发现蓝色没有了。导购已经给顾客描绘好了粉色和蓝色搭配情侣机的使用情境，顾客产生了浓烈的兴趣与购买欲望，已经锁定了颜色，再让顾客换颜色，就破坏了前期费尽心思营造的购买氛围，结果顾客摇摇头走了。

今天应该主推什么，产品各型号的库存、各颜色的库存，营业前都要了然于胸。

2.样品准备。

顾客对手机的兴趣，都是由第一眼对样品的感觉和印象引起的，好的样品陈列对成交有事半功倍的效果。经过前一天销售过程中不断的展示、演示，很多样品和辅助物料都移了位，在营业前要重新归位，尤其是主推产品的摆放。产品陈列需要注重层次感、组合效果，辅助物料的新旧程度、摆放位置都要严格按照标准执行。

3.演示材料。

常在手机卖场看到导购在向顾客演示时，手机突然没电了，需要更换电池。这既给顾客留下不专业的印象，而且浪费时间，顾客会继续等待吗？本来能一气呵成的销售，可能因为电池没电了导致成交夭折。同时，手机销售中，音乐和视频文件也要准备好。要有一个系统的音乐、视频库，需要播放什么马上就能找到。营业前，做一下播放测试，以免手机系统、存储卡或播放器存在问题，防患于未然。不仅是手机，演示的材料也一定要准备充分，避免演示过程中出现"卡壳"的状况。

4.整理柜台。

顾客越来越挑剔，一些细节都能左右顾客的购买决定，不干净的柜台会赶走很多顾客。人早晨起来都要梳妆打扮一番，柜台也是一样。这不是难做的事，关键看有没有这种意识。

5.宣传材料。

宣传材料，指的是终端陈列所需要的物料，海报、吊旗、KT板、易拉宝、堆码箱、单页等。这些都有助于营造良好的销售氛围，好的物料陈列，能主动吸引顾客，有增加客流量的作用。在前一天的销售中，有些物料会破损、移位，在营业前一定要将这些物料重新摆放，该更换的马上更换。

让顾客心动的导购术

在后来不断的调研中,我将手机销售售前需要做的准备做了个模板,一共有30项。一周一张表,每天顾客进店前,导购要对照着这个表格(见表3-1)逐项自检填写。

表3-1 手机销售准备自检表

序号	项目	周一	周二	周三	周四	周五	周六	周日
1	是否按照标准陈列?							
2	主推是否明确?							
3	台卡、单页是否到位?							
4	海报是否到位?							
5	柜内是否整洁干净?							
6	柜台是否整洁干净?							
7	手机库存数量是否检查?							
8	手机库存颜色是否检查确认?							
9	活动礼品是否到位?							
10	演示内容(音频、视频、图片)是否到位?							
11	演示机来电显示功能是否打开?							
12	演示机来电归属地是否打开?							
13	演示机以往使用记录是否清除?							
14	绒布是否准备且是否干净?							
15	所有有划痕的演示机是否全部换掉?							
16	快捷键按标准设置是否到位?							
17	手机键盘锁是否关闭?							
18	演示机通话声音和音乐声音是否调到最大?							
19	演示机屏幕亮度是否调到最亮?							
20	演示机电池是否充满?							
21	演示机是否开机?							
22	是否登录一次QQ?演示三秒上网。							
23	是否登录一次网页?网页缓存,演示时更快。							
24	演示耳机是否到位?							
25	主推机是否每台都装入SIM卡?							

(续)

序号	项目	周一	周二	周三	周四	周五	周六	周日
26	《顾客调查问卷》是否准备好？							
27	产品销售关键点是否完全掌握？							
28	产品价格是否了解清楚？（标价、成交价）							
29	当天任务是否明确？							
30	自我心态是否调整到最好的临战状态？							

这30项是导购在开门营业前必须要进行的一个详细的检查，成功没有捷径。

下面的表格（见表3-2）是我为某集成吊顶品牌设计的售前准备事项。

表3-2 顾客小区档案统计表

小区名称		地址			
建筑年代		开盘价		现价	
小区户数		栋数		与我店的距离	
交钥匙时间		我店的用户数量		主要竞品	
主要房	整体面积	厨房面积	卫生间1面积	卫生间2面积	卫生间3面积
		医院			
		菜市场			
		学校			
		公园			
		厨房面积	卫生间1面积	卫生间2面积	卫生间3面积
		交通			
		其他			

任何行业的导购都必须做好售前准备。细心的读者可以根据各自行业的特点结合自己的经验做相同的准备检查表，提升自己准备工作的质量和效率。

掌握目标客户群体的信息

所谓"知己知彼，方能百战不殆"，这个"彼"不但包括竞争对手，还包括站在你对面的顾客。优秀的导购，能够很快知道自己面前的顾客的喜好和购买能力等信息，知道顾客的情况之后才好有针对性地接待。了解顾客靠的是什么？细心和话术。

作为一个优秀的集成吊顶销售人员，如果顾客说出了自己所住的小区名，就应该知道这个小区的地址。为什么要知道地址？根据地址可以判断顾客家离店的距离。如果远，可以问："离这挺远的，您是开车来的吧？"现如今，有辆车毕竟还是身份的象征，这也是间接在赞美顾客的能力，同时也可以判断顾客的购买力，继而也可以关心顾客车停的位置是否正确，拉近和顾客的距离。

除了要知道地址，还要知道这个小区的开盘及交钥匙时间，这是为了了解顾客是新房装修还是旧房翻修，新房装修和旧房翻修对吊顶的需求是不同的。

楼盘的价格也要知道，通过楼盘的价格可以判断顾客的购买能力然后有针对性地介绍，如果你不知道楼盘的价格，30000元一平方米的房子，你给介绍30元一块的板子合适吗？3000元一平方米的房子，你给介绍300元一块的板子顾客会买吗？

在该小区有多少用户在用你这个品牌的吊顶有统计吗？顾客最关心的不是你在哪里打广告，而是自己身边有哪些人在使用。当顾客说出一个小区地址，你马上能拿出一本厚厚的顾客档案告诉顾客："您所在的小区有很多用户选的是我们的吊顶，这是他们的设计图与实际安装后的效果图，您看看！"这种销售道具基本上是"必杀的武器"。

吊顶主要是装在厨房与卫生间，每个小区的房型结构基本上就是那几种。只要顾客说出面积或楼号，就应该马上知道厨房面积及卫生间的数量和面积。这样能在第一时间树立自己的专业形象，也方便更快更有针对性地介绍产品，继而快速成交。

配套资源为什么要了解？这是为了在与顾客沟通的时候有更多的话题，比如可以夸夸顾客会选楼盘，配套设施齐全。如果顾客买的是低价楼盘，但周边配套设施好，也可以赞美他会选楼盘，如"这个楼周边这么好的配套设施，估计不超过两三年价格就会翻一番"。

作诗，功夫在诗外。销售也是一样，并不是顾客到了现场你才做准备。做足了功课，就可以判断顾客的购买力、面积需求、购买时间，还能找到沟通、赞美的切入点。

亲爱的读者，无论你卖的是什么产品，请反思自己，你在售前都做了哪些准备？

俘获顾客心的三种开场白

感情开场：让顾客完全信任你

先来思考几个问题：

- 如果你爸妈来买你的产品，你怎么开场？
- 如果你亲戚来买你的产品，你怎么开场？
- 如果你最好的朋友来买你的产品，你怎么开场？
- 如果你多年不见的同学来买你的产品，你怎么开场？

父母亲戚来了，马上嘘寒问暖，天热的时候快让他们坐下凉快凉快，喝杯冰水；天冷的时候，递一杯热水让他们坐下暖和暖和。朋友来了马上迎上笑脸："今天穿的这件衣服挺合身，在哪买的？"多年不见的同学来了，好久不见，快寒暄几句，再好好叙叙旧。

想想看，你是不是这样对待你的亲戚朋友的？这就是感情开场，刚开始不谈产品，只给予关心。再反思一下自己是怎么对待顾客的呢？很多导购说现在的顾客越来越牛了，太不尊重自己，那么首先想想你是怎么对待顾客的。你需要尊重与关心，顾客就不需要？顾客更需要你像对待亲友一样关心他们。你怎么对待别人，别人就会怎样对待你。

实战：时间充裕，以感情开场为主。

在讲三种开场方式时，笔墨最多的是感情开场，这也是我一直推崇的一种方式。毕竟大型节假日不多,竞争超级激烈的卖场在一座城市只有几个,普通卖场或专卖店,在人流量不多、竞争不那么激烈的时候,你有足够的时间,可以采用感情开场。慢火炖好汤,感情开场虽然用时较长,但成功运用感情开场而成交的顾客,大多都是回头客,甚至可以给你带来新的顾客。

如图3-3所示,感情式开场又分为三种形式。

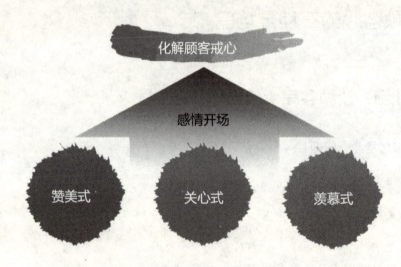

图3-3 感情式开场的三种形式

1. 赞美式。

有一天跟一个老朋友去吃饭,发现他老把自己的脚伸到我这边,我当时没怎么注意,第二次他伸脚的时候,我突然发现他穿了双新皮鞋,我就说你买的这双新皮鞋很不错啊。他就很高兴了,说在哪里买的,花了多少钱!

每一个人内心深处都希望得到别人的赞美,顾客也是尘世中的凡夫俗子,当然也不例外。所以发现别人的优点,我们要大声地说出来。

一次在北京洗头发,正常去洗全国都是10元,那次我洗头发花了25元。我进店后往椅子上一坐,一个小姑娘过来了,他不问我用什么洗发水。她说:"帅哥你这件衣服很好看,我男朋友身材跟你差不多,你穿这么好看,你在哪买的?"然后我告诉她在哪买的,多少钱,什么牌子,讲话的过程中她拿出了一瓶洗发水问:"你用这个洗发水可以吗?"我正在兴头上,就没反对:"好用就用呗。"

洗完了一结账是25块，我问为什么，然后才说我用的这个洗发水是去屑的，还有焗油保养的功效，10元变成了25元。如果我往椅子上一坐的时候，她就要我用那种洗发水，我一定会问，这个是什么洗发水？有什么功效？多少钱？为什么我忘记问了？因为她用赞美不知不觉化解了我的戒心。

顾客高兴了，你的机会就来了。

我们赞美顾客什么？顾客的衣着、发型、携带的包、跟着的孩子等都可以，凡是顾客在意的东西，都是赞美的目标。

赞美有个前提是真诚，建立在事实基础之上。赞美不是拍马屁，而是把对方的优点讲出来，要有事实根据，并且表现出真诚。

在圣象地板，我曾经遇到一个导购高手。地板在店面里展示大多是立在墙上的，顾客进店一般是先看外观，大多顾客对产品不怎么了解，看到中意的就伸手去摸。这个销售高手遇到女性顾客一伸手去摸样品，她马上说一句话："哎呀，您的手保养得真好！"注意她的用词，是"手保养得真好"，不是"手真好看"。手的长相有美与丑，如果硬说丑的手漂亮，那就太假了，但大多女性都会注重保养自己的手，赞美这个显得很真诚。一般导购看到顾客伸手摸地板了，马上就说这是采用什么材质的木头、厚度多少、环保等级是多少等。一比较，就明白高手高在哪里。

2．关心式。

顾客不是上帝，顾客是你的亲友。上帝来了你手足无措，亲友来了你会嘘寒问暖。如果你把顾客当做亲友一样关心，顾客就会把你当做亲友一样信任。挑衅、刁难、纠缠都不会存在，成交会变得十分自然。递一把凳子，倒一杯水，说一句"外面下雨没淋着吧"，都能暖了顾客的心。如果只把自己定义为职业化的销售员，而不是顾客亲戚一般的购买建议者，顾客会怀疑你说的每一个字，他会把你定义为想强卖东西给他的机器。

多关注一下外面天气的变化，多关注一下顾客的神态是否疲惫，多关注一下顾客手里拎的东西的重量，多关注一下顾客的不便之处。人都是有情感的，你的一句温暖的话语，也许就能为你带来一位忠诚的顾客。

3. 羡慕式。

羡慕，是对顾客委婉的赞美。

一对男女顾客过来买手机，可以说："真羡慕你，你老公专门陪你来买手机。你真幸福。"

顾客说自家房子有180平方米，可以说："真羡慕你，住这么大的房子！没有一点压抑感！"

羡慕是在事实上与顾客产生共鸣，180平方米，是个事实，你加上对这个事实的看法，然后就会和顾客产生共鸣。有了共鸣的铺垫，后面的沟通更容易达成共识。

无论赞美式、关心式、羡慕式这三种感情开场都是为了化解顾客的戒心。一个顾客进了卖场，对于卖场所有的一切都是陌生的，产品是陌生的，人是陌生的，环境是陌生的。这个时候这个人的戒心会不自觉地加重。**感情式开场是唯一化解顾客戒心的方式**。

产品开场：卖的是"卖点"，不是"东西"

要通过产品的独特卖点"勾引"起消费者的兴趣，激起他的了解欲望！

产品开场常用的一般是产品演示，也可以是口头的表达，即"吆喝"。有次调研时，遇到一位导购对一位女性顾客说："美女，看一下我们的'珍珠手机'，美容又养颜！"这就是产品开场。

"发短信不要钱的手机！""一部能够顶两部用的手机！""完全不怕摔的手机！""怎么踩都踩不坏的音乐手机！"等等，都是通过产品的一个核心卖点来吸引消费者对这款手机产生兴趣，激起他们了解的欲望。

独特的产品卖点开场能在顾客大脑中形成强烈的冲击，一下就抓住顾客的眼球，给其留下深刻的印象。如果这个卖点正好是顾客所需要的，通过这一个核心卖点就能快速达成销售的目的。

第三章
抓住开场接待的30秒

实战：遏制对手，以产品开场为主。

如果卖场有某个品牌或某个型号的产品销量遥遥领先，形成了独领风骚的"明星产品"，那么能把这个畅销品牌或型号的顾客"抢"过来的话，也能成就自己的不少业绩。"抢"的方法就是研究竞争对手的弱点，然后找出自己产品的独特卖点来开场。

河南某县电动车市场主要有两种品牌，分别是新日和爱玛。

新日电动车的晶胶电池是专利技术，冬天衰减性弱（假设普通电池电动车充满电夏天跑50公里，冬天只能跑30公里，晶胶电池在冬天几乎不受影响，和夏天跑得差不多一样远），而且电池保修2年，普通电动车电池只保修1年。新日的导购凭借这晶胶电池的独特卖点，销量在该县城遥遥领先。

旁边爱玛店里的导购急了，顾客要么去了新日店直接就成交，要么先来自己的店，但出店去了新日的店就不回来了。他们发现是晶胶电池的作用，但爱玛没有晶胶电池，导购只能研究自己车的其他卖点。爱玛的导购发现自己的车保险杠比新日的粗，于是凡是来爱玛店里的顾客，先给他演示保险杠，自己站上去晃几晃，再让顾客站上去，接着说："买电动车，关键是看用什么材料、要耐骑、结实。你看我这保险杠，加粗加厚，车架的钢管也比别人厚一半。都是真材实料！至于别的，技术都成熟了，电池都用的天能和超威，轮胎都用的是朝阳和正新，这些都没啥挑的，关键是挑用材。这条街上你找不到比我这保险杠更粗、车架更厚实的车来。不信你看，我们5个站上去都没事！"

在县城买电动车的大多是乡下人，乡下人买东西就是图结实和耐用，导购的这些话全都能钻到顾客心眼里。经过这般"洗脑"的顾客，要么现场成交，要么出了爱玛的店进了别人的店，都开始摸保险杠、站车架，大多不再听导购讲，一试保险杠和车架，觉得不厚实，马上又回到了爱玛的店里。

当对手强势时，找到其薄弱的点，寻找自己的优点，然后以自己的优点开场，迅速遏制对手。

需求开场：给顾客介绍他需要的产品

以顾客需求为切入点，快速了解顾客所需产品，有针对性地展开介绍，就能高效成交！

比如卖手机，一开始就问他：想买一个什么样功能的呢？想买一个什么样款式的呢？是想要直板的，翻盖的还是滑盖的？是自己用的还是给别人买或者送人的？是男士用的还是女士用的？快速了解顾客所需的产品，然后针对他的需求进行介绍。

需求开场就是用最短的时间了解顾客的购买需求，快速锁定主推产品，有针对性地进行介绍，节约销售时间。

实战：竞争激烈，以需求开场为主。

如果是大卖场，品牌林立，顾客伸脚就踏到了另外一个品牌的区域。像家电、建材类的还好一些，有个专厅和隔墙，能阻挡一下顾客。对于那些靠低矮专柜来销售的产品来说，你再用感情式开场，还没等暖了顾客心，顾客就被旁边的人"劫"走了。

如果在大型节假日，不管什么产品都将面临巨大的客流，这时用感情开场，时间也不允许，甚至可能你的凳子、茶杯都不够用。

很多卖场虽然不允许拉客（有品牌导购在对顾客讲解时，其他品牌的导购不允许上去抢生意），但在卖场激烈的竞争情况下，逼出很多导购四处抢人、拉人的方法。

各种明争暗斗的方法在大卖场是屡见不鲜，面对这种竞争环境，感情开场已经不好用了，产品开场又容易受到别人的打击，最好的方法就是需求开场，**快速了解需求，快速开展针有对性的介绍，快速成交，不留给竞争对手任何机会。**

让顾客心动的导购术

第四章
找准顾客的需求

大多数导购员在销售产品时最容易陷入的一个误区，就是在不了解顾客需求时，急于从头到尾介绍产品。顾客走过来，马上像背书一样滔滔不绝地推荐产品——"欢迎看一下我们的电动车，加厚车架，安全耐用；64伏电池，再配满盘电机，续行200里；6重防盗，电机锁、电磁锁、遥控锁、自动报警……"顾客上下打量了一下导购员，轻轻地摇摇头走了。她还在后边嚷嚷："先生，回来回来，我还有两点没给你讲完呢！"

第四章
找准顾客的需求

顾客的需求是他的"欠缺"

终端销售技巧,简而言之就是把握住以下三个问题:谁在购买产品?顾客为什么购买?怎么卖给顾客?三个问题是递进的关系,要一步步层层推进。

谁在购买?当然对象就是男女老少顾客,但仅把顾客进行表面化分类,并不能形成系统的针对性销售。

对终端销售对象仔细推敲,一共有四类:第一类是有一定产品知识、明确知道自己要购买什么品牌和产品的顾客,第二类是购买目的欠缺型的顾客,第三类是产品知识欠缺型顾客,第四类是购买信任欠缺型顾客。

具备相当专业知识、购买意向明确的第一类顾客在终端并不多见,根据笔者对多个行业终端的跟踪发现,这类顾客占比不足5%。在销售终端很少见到对产品知识的专业程度超过导购员的顾客,偶尔碰到的"专业级"顾客基本上都是同行业的研发、生产或销售人员。至于顾客的品牌忠诚度,在行业竞争如此剧烈的今天,品牌忠诚度很高的顾客十分少见。

排除仅占5%以内的顾客群体,剩下大部分就是"三欠缺"型顾客。解决顾客的"欠缺",那么成交将会水到渠成。

一位SK导购分享他的一次成功案例:

让顾客心动的导购术

在一天中午,一对夫妻在HE燃气热水器那边徘徊了有10分钟,但HE的导购出去吃饭了。我的专柜就在他们旁边,他们在四处张望的时候,正好和我的目光对接,我马上笑着对他们说:"HE的导购出去吃饭了,要不你们先在这坐一会。"我顺手拉了一下凳子(HE那边没凳子)。他们就很自然地走了过来坐下,还冲我笑了笑。

那个男顾客扫了一圈我们展厅,小声说了句:"SK?也生产热水器?"

我装作没听见,很随意地问他们:"买燃气热水器还是电热水器?"

男顾客说:"想买燃气的。"

"HE的燃气热水器不错。"我说。

男顾客笑了笑。

"新房子装修吧?"

"嗯。"女顾客接腔了。

"您二位一看就是成功人士,新房子一定很大。"

"180多平方米。"女顾客说。

"哇,这么大!我们要奋斗多少年才能买得起这样的房子啊!"

"呵呵……"女顾客和男顾客相视一笑。

"那至少有两三个卫生间了?你们要买两个燃气热水器吧,不过也是你们有钱,不在乎。"我小声嘀咕。

"为什么要买两个?一个不行?"女顾客惊奇地问。

"普通的燃气热水器只能两点供水,多点供水的话水量就不足。而且燃气热水器只能安装在厨房,你们这么大的房子,厨房离卫生间一定很远,如果洗澡的话,热水要很久才能流到卫生间,在卫生间洗手也要等很久,有点不方便。"

"这样啊,原来以为买一个就行了。"

我接着给他们讲电热水器对比燃气热水器的好处,同时重点讲了我们的技术创新点,顾客很高兴地买了一台电热水器和一个小厨宝。

案例中的顾客是属于典型的"三欠缺"型顾客。对这样的顾客，解决了他们对购买目的或者产品知识的欠缺，成交就是水到渠成的事。

购买目的欠缺

乍一看，顾客的购买目的都会很明确，比如上文中的顾客，他们"知道"自己要买燃气热水器，而这却是"表象购买目的"，未必是他们真正的需求。很多终端销售人员就是被顾客的表象购买目的所迷惑，而没达到销售目的。案例中的顾客，其购买目的是要解决大房子的热水供应问题，但最好的方案并不是用燃气热水器来解决。销售人员所要做的是帮助顾客明确购买目的，挖掘出顾客深层次的需求，告知顾客怎样的产品才能完全满足需求。

一次在某超市，见到一个本来是要买保温桶的顾客却买了一台电饭煲。因为他的妻子在医院生宝宝，要给妻子送饭，需要保温桶。但导购抓住这点，告诉顾客保温桶虽然能保温，但保温时间不够长，凉了就没办法了。电饭煲不仅长时间保温，而且还可以加热，顾客一听觉得有道理，就购买了一台小电饭煲。

这个顾客也是属于深层次购买目的欠缺的顾客，这类顾客很多。比如是想来购买油烟机的顾客，但顾客不一定清楚自己是需要中式的还是欧式的，不知道需要排风量多大的油烟机，也不知道自己需要多大尺寸的油烟机。面对如此多的这类顾客，导购需要解决的就是帮助顾客逐渐明晰购买目的，并找到最佳的解决方案。

产品知识欠缺

顾客对产品的了解大多是一知半解，道听途说的多，真正行家的少。案例中的顾客就是这样。这类顾客容易受到误导，以偏概全。而且很多产品知识欠

让顾客心动的导购术

缺的顾客不愿意在导购员面前暴露自己的"不专业"而伪装专家。面对这样的顾客，不要用专业的术语去"培训"顾客，更不能纠正顾客的观点去"说服"顾客，而是要用引导的方式，通过产品的动态演示，现场向顾客证实产品的好处，与顾客产生共鸣，然后达成销售。

一次在国美电器，顾客从其他品牌走过来，进来就问海信导购："你们产品的蒸发器是不是铝的？"

海信导购很骄傲地说："我们蒸发器的管子用的材料是铜。"

顾客愕然："铜的？还是铝的好。"准备转身就走。

这时海信导购手里拿了本书，伸手拉住了顾客："先生您说得不错，铝这种金属确实有很多很好的用途，但在蒸发器上用什么材质最好，还得依据科学。您看，这是本我们都学过的初三化学课本，您注意这句话：铜的导电导热性非常好，弱于银而强于铝。蒸发器最佳的材料是不是应该选导热导电性能更好的材质？"

顾客一听，便站住了。

这时候，另外一个导购拿了两根几厘米长的铜管和铝管。

一个导购说："导热性能好不好，光靠说是不行的，您来试试吧。您两只手分别拿着这两根管子，我用打火机在这边烧，您看哪个管子先热。"

顾客很听话地一手拿铝管，一手拿铜管，两个导购用打火机在另一头用大火烧着。马上，顾客说铜管热了，铝管还温的。

导购："先生，您现在应该知道选什么样的冰箱了吧？"

顾客仔细看了看海信的款式与价格，最后挑了一个活动机型。

这名顾客经过其他品牌"洗脑"，误认为铝管是最好的。这种顾客明显是知识欠缺型，接受别人"洗脑"后，以为自己已经懂了。导购采用了很好的应对方式：不直接反对顾客的观点，先迎合；然后拿科学的实验来证明铜比铝好，再接着两个对比演示，铜管先热，直观明了地展示了产品的特性。耳听为虚，眼见为实，顾客更相信自己所看到的。让顾客自己感受哪个材质会更好，让他自己做判断。

产品欠缺性顾客大都有个特点：戒备心重，好奇心重。这就需要导购全方位展示产品的优点、特点、利益点。让产品和顾客充分地互动，现场活灵活现地进行产品讲解。

购买信任欠缺

顾客都对销售人员抱有戒心，不信任是正常的，我们初次和陌生人打交道的时候，都会产生戒备心理。

前文案例中的顾客就对"SK"这个品牌产品不信任："SK 也生产热水器？"如果听到这句话后，导购员针锋相对地开始贬低顾客的孤陋寡闻，那么我想后面就不可能有成交。

面对购买信任欠缺的顾客，首先是刚开始的接近方式的处理，千万不能让顾客感受到你是在"刻意推销"！常用的有效接近顾客的方法是通过赞美式切入逐渐到产品的讲解。通过题外话的赞美，拓宽沟通的范畴，在"敞开"的沟通中"稀释"顾客的戒备心理。在案例中，我们明显看到导购员对顾客的赞美而逐渐加大了沟通的范畴：

"HE 的燃气热水器不错。"恭维顾客的选择是对的。

"您二位一看就是成功人士，新房子一定很大。"赞美顾客的外在气质，套出了房子的大小，同时也在试探是不是他们的新房子装修，判断出了顾客的使用用途。

"哇，这么大。我们要奋斗多少年才能买得起这样的房子啊！"这种有针对性的羡慕式赞美，让顾客在谈笑间降低了戒备心理。

同时，最好让顾客参与到产品的演示中，让顾客亲身体验产品所具有的特性及带给生活的利益点，自己说服自己。

根据以上三点分析，汇总"欠缺型"顾客的特点和应对方法如表 4-1 所示。

表4-1　"三欠缺"顾客的特征及对应措施

顾客类型	特征	对应措施
购买目的欠缺型	1. 随意性大 2. 盲目 3. 爱比较	占据主导，挖掘潜在需求，引导消费
产品知识欠缺型	1. 好奇 2. 伪专家	演示、介绍（让产品动起来），让产品吸引消费者
购买信任欠缺型	1. 防御心理强，戒心重，对任何事都持怀疑态度 2. 三思而后行	赞美式接近让顾客动起来，参与销售过程，亲手体验

不是每个顾客都知道自己要买什么

正如前文所说，很多顾客并不知道自己真正想买的是什么。

在顾客不明确自己真正的需求下，怎样帮助顾客梳理需求，买到最适合自己的产品呢？

一个小伙子去买表，在表行里逛了几圈，都没看到合适的。有些导购跟他打招呼，他怕别人强行向他推销而不敢理她们。

当他再走一圈时，有一女孩就问他："先生，我看您已经看了好几遍了，还没看中吗？"

小伙一愣，女孩又说："表行里表比较多，不知您看出个名堂没？"

小伙又一愣，他确实没看出个什么名堂。

女孩接着说："如果有时间的话，我们聊聊选表的方法？"

小伙一听，将信将疑，就走了过去。

女孩和蔼地问："您这是打算给您自己买还是给其他人买？"

小伙："给母亲买的。"

女孩："哦，您是要买母亲节的礼物吧？呵，您可真有孝心，我得向您学习了。"

第四章
找准顾客的需求

小伙被漂亮女导购一夸,有些不好意思地笑了。

女孩接着说:"您可能在纳闷我为什么要问您给谁买的?其实您知道吗,给年轻人买表和给老人买表是两回事。"

"您给老人家买吧,首先,你得买个表盘大的。为什么呢?因为老人家眼力不大好,表盘大点儿,更方便老人看。"

女孩说的很有道理,小伙点了点头。

女孩又说:"其次,您还得选个有夜光的。您想啊,如果没有夜光,夜里老人醒来想看看时间还得开灯。这灯一开,时间是看着了,可被灯光一刺,睡意却没了。"

小伙听完若有所思地点了点头。

"还有,您还得选个防水的。老人健忘,这万一洗个手、做个菜什么的摘了表忘记带回去,老人不是更心疼吗?再说每次都摘下来也不方便啊!所以,您选表时一定得选个防水的,更方便老人使用。"

小伙听了直点头,说:"呵呵,其实这些也是买表时都会注意的,我怎么就没想起来呢?那,还有其他该注意的吗?"

女孩笑着说:"是啊,表行表多,一多就眼花,再加上您一个人来,我明白您多看几次是想做个比较。最后,还有一点,这表要防震。万一不小心磕磕碰碰也不怕。省得您花心思送给老人的礼物,磕坏了老人还心疼。"

小伙一听就乐了:"哦,我知道了。还有吗?"

女孩说:"要说起来那可是很多的,不过您送给老人家,这是最基本的几个条件。您按这个标准去买,就没错了。"

小伙头都没抬,问道:"你这儿的表哪几款比较适合老人戴?"

给老人买表,仅是个模糊的购买目标,什么才是最适合自己的产品,需要导购的帮助,不要以为顾客什么都懂,其实很多人不知道自己应该买什么产品。

如同案例中的顾客,虽然知道自己是买表,但不知道具体应该买什么样的表。这种盲目性顾客在终端很常见。越盲目的顾客戒备心越重,越挑剔,化解

让顾客心动的导购术

他们的戒备心，最好的办法就是帮助他们认清自己的实际需求。

把卖点转化为顾客的需求点

卖点是迎合需求点而存在的，没有需求，卖点就不是卖点。

假如有一款手机，能快速一键上网玩农场游戏，这是个很好的卖点，可是如果顾客没有需求，它就不是卖点，没必要讲。如果你上来就给顾客讲此款手机能一键偷菜偷宠物，但他从不玩牧场，这个功能就一点用都没有。

但是，有时顾客并不知道自己的真正需求，所以在讲产品卖点之前，要帮助顾客梳理、确认需求，然后根据顾客的需求介绍产品的特色和功能。

比如手机的双卡双待：

话术模板

导购：你经常和女朋友一块出去玩吧？

顾客：嗯。

导购：如果你们出去玩的时候，你女朋友的手机突然没电了，可以把她的卡插到你的手机里。

又比如手机的快速输入功能：

话术模板

导购：你一个月电话费大概用多少？

顾客：不到100块。

第四章
找准顾客的需求

导购：哦，那你是发短信比较多了。

顾客：是，一般都是发短信。

导购：那太好了，这款手机采用的最新版本智能拼音输入法，数字拼音不用切换，您看……

卖点，是为了迎合顾客需求点，能满足顾客需求的产品用途都是卖点。在没有了解到顾客需求之前，千万别讲"卖点"。不懂这点，就要吃亏了。

方太深圳的促销曾沉痛地讲述过不了解顾客需求就介绍产品的失败经历。

一次，一对夫妻走到某品牌柜台前，看到欧式抽油烟机。

妻子说："老公！这个好漂亮，买这个吧。"

他老公似乎很在行地说："不行，这个吸力不大，好看不好用。"

导购介绍了A款抽油烟机："你好，这一款吸力大，是中式机，适合中国人用。"

他妻子说："对，不错，而且这个好看也不贵。"

听顾客这么一说，导购感觉她一定有钱，A款售价近3000元，是最贵的中式机，就想一定要卖一台贵的给他们。

后来顾客又看了B款（比A款便宜），导购就对他说："B款，吸力没有A款大。"

男顾客问："为什么没有A款的大？"

导购说："B款是小厨房用的，小厨房更为适合。"

女顾客好奇地问："那A款在小厨房呢？"

我说："A款在小厨房效果也好，但小厨房装不太适合。你家一定是大厨房，得买A款。"

男顾客说："近吸式不好吗？"

导购毫不犹豫地回答他："近吸式脏了不好看，而且白色喷漆面没有不锈钢的好清洗。"

男顾客说："那就是不能买B款了？"

导购说："我建议你买A款，好看，吸力又大。"

谁知，男顾客笑笑说："我的厨房非常小，不能用这种。"

导购知道自己已经错了，又不好再向顾客推荐近吸式了，顾客笑着走了，没有做成这一单交易。

顾客笑着走了，是在笑导购的无知。女顾客说3000元的A款不贵，导购马上就主观臆断顾客一定是有钱人，进而再推断，有钱人一定住的是大房子，大房子一定配的大厨房。用逻辑推理顾客的需求没错，错的是相信自己的主观判断，却没有向顾客求证。一厢情愿地按照自己的臆断去讲，只能搬起石头砸了自己的脚。

长期坚持自我训练，才能有高效的成交。成交很简单，就看你挖掘顾客的需求面有多宽有多深。

看准顾客的消费水准

优秀的导购很善于观察，通过顾客的衣着打扮，吃喝用度，就能够判断出顾客的喜好和消费能力。男性顾客的衣服是什么牌子、戴的是什么手表、手里拿的是什么车钥匙或者手机，女性衣服品牌、拎什么包、用什么手机，这些都能透露出很多信息，这些信息可以从侧面体现顾客的需求。

如果顾客问圣象的导购："为什么圣象地板卖得这么贵？"导购应该怎么回答？

如果有了仔细的观察，发现顾客穿的是Lee牌牛仔裤，你就可以告诉顾客："同样是牛仔裤，您穿的Lee牌卖1000多元，您为什么不穿50多元的牛仔裤？外表看起来差不多，其实差别很大，这个您比我更懂。地板也是一样的，您不要被表面迷惑了。"

第四章
找准顾客的需求

我们要对顾客进行认真观察,眼睛要动起来。

举几个例子,以下服装、手表、汽车的牌子(见图4-1)你是否都认识?它们都是什么档次?

当你发现顾客拿着"BMW"车钥匙,你介绍特价空调合适吗?当你发现顾客拿着iPhone进来,你介绍10元一块的吊顶合适吗?

方太厨具深圳南山苏宁的张华侨曾讲过这样一个他亲身的经历:

下午3点,正处于苏宁交接班高峰,客人较多。这时一位年纪很大的顾客出现了,衣着非常的随便,脚穿拖鞋,手提塑料袋,样貌极普通,甚至可说是不修边幅。他很随意地看着各种品牌,而此时大多数促销员并未搭理他。

当他走到方太柜前,导购张华侨也并没在意,但不经意间,他发现这位顾客的塑料袋里装的是一款非常有名的手机,心里迅速作出判断:这位顾客有购买能力。于是开口就向他推荐了最新的套装,说:"这是目前最新款式的油烟机,消毒柜和炉具造型也是目前独一无二的,细节处理更是精益求精的……"诸如此类向顾客介绍了方太产品的优点。

而当顾客询问为何造型都差不多,但价格却相差这么大时,张华侨马上指出"差不多"的错误,同时拿出自己的手机说:"你看,同样是手机,彩屏的手机仅仅售价1000多元,而您的手机几千元,造型也差不多,您能说是一样的吗?而方太作为中国厨房专家,业界典范,每一款的设计与功能都是领先的,其他品牌可以模仿它的外观,但能模仿内部的构造吗?在质量功能使用效果上根本不能相提并论。"

如此这般,当顾客稍一犹豫,张华侨就用肯定的语言坚定他购买的欲望,终于瓦解了顾客的心理防线,一次购买了三件套。

这是个典型的成功案例。当别人认为此顾客不具备购买能力时,张华侨敏锐地发现了他塑料袋里的名牌手机。当顾客用现金付款后,很多促销员还觉得不可思议。张华侨事后总结经验时认为,在发现这个细节之后果断地在销售中用手机做对比,很好地抓住了顾客的心。第一,既间接夸奖了顾客的手机,让

			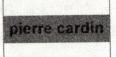
法国梦特娇	古驰	贝纳通	皮尔·卡丹

法国鳄鱼	美国Lee	范思哲	ESPRIT
	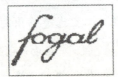		
杰尼亚	Fogal	卡文·克莱	Levi's牛仔裤

瑞士劳力士表	瑞士摩凡陀表	瑞士雷达表	瑞士欧米茄
			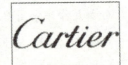
瑞士浪琴表	瑞士Swatch表	瑞士天梭表	卡地亚表

瑞士梅花表	瑞士宝玑表	瑞士康豪表	瑞士玉宝表

图4-1 服饰手表品牌

第四章
找准顾客的需求

图4-2 汽车品牌

顾客得到了精神上的满足,又充分肯定了自己产品的价值;第二,用这个实例来证明了一分钱一分货的道理,让顾客愿意接受方太的价格,最终做出购买决定。

这单成功的销售的关键就是导购对顾客的观察十分细致,发现了顾客手中的塑料袋里装着有名的手机。有了这个发现,才有后面的成交。细致入微的观察,是每个优秀导购都应有的基本功。观察到位了,才能更好地展开话术。

获取顾客真实需求的6大视角

分析顾客的购买用途

顾客来买同样一种产品,其需求却是千差万别的。以电瓶车为例,有的是带货,有的是接送小孩,有的是上下班骑,有的是城乡往返等。用途不同,对车的具体需求也不尽相同。只有了解了这些,导购员介绍的时候才更有针对性。

经常跑远路,就需要电池容量大;经常爬坡,就要动力强;经常在路况不太好的地方跑,就要求更加结实耐用的;……导购在向顾客推销的时候,需要了解日常骑行的距离、路况、载人的数量、载重的重量等。

话术模板

1.主要用途是上下班:你们这些坐办公室的真幸福,空调、暖气伺候着,定点定时上下班,真好!你们选车啊,一定要选质量过硬的,上班路上坏了可就要迟到了!你来看这款,上班族一般选这款比较多!

2.主要用途是接送孩子:你家宝宝多大了?你这么漂亮/帅,你儿子/女儿一定很帅/漂亮!带孩子的话,选车一定要注意了,要选有气囊的鞍座,不然会夹住孩子的手,后座把手要牢固,后保险杠要结实,你来看这款……

3.主要用途载重带人:经常带人/载重的话,选车要看几个方面:车架要结实、电机功率要大、电池容量要大,后街那个送水站用的就是这款车,你来看看……

4.顾客需要跑得远的车:路遥知马力,我们就喜欢把车卖给跑长途的顾客,跑得远才能检验出我们的车好!这两款号称"长跑王",超大电池,最适合远途……

5.顾客经常骑车的路坑洼不平:那条路啊!我知道,我经常走!凡是经常走那条路的都夸我们的车好!一是我们用的是摩托车的减震,不颠屁股;二是车架结实,稳当!我二叔天天跑那条路,他买的是这款车,您来看看!

在顾客的需求基础上进行有针对性的介绍,量体裁衣,才能让顾客接受导购的建议,从而购买你的车。当然,除了以上三个方面,还有其他的一些需求也需要挖掘:原用的交通工具、计划购买的时间、使用者的职业特征等。

找准顾客的需求点,并告诉顾客为什么要买你推荐的产品——它是专为顾客的需求而设计的。

根据顾客的职业判断产品需求

如果顾客前来购买的产品和顾客的工作相关,那么根据顾客职业的不同,他们对产品的需求也是不同的。针对顾客职业身份来讲解和演示产品的卖点,这样才能提升成交率。

以手机销售为例,对很多人来说,手机是生活中不可缺少的一部分,也可能是和工作息息相关的工具。不同的职业对手机的需求也不同,职业有很多种,导购员要看对人,讲对产品。很多优秀的导购员面对顾客的时候都会直接问:"您是做某某工作的吧?"导购员判别出顾客的职业特征,马上也会延伸想到他们不同的购买需求与关注点:

- 学生：聊天、上网、游戏、音乐、辞典、防盗等。
- 司机：语音拨号、来电录音、蓝牙耳机等。
- 老板：号码多，要好查询；工作生活区分；双卡双待；股市行情等。
- 业务员：电池容量大、地图查询、火车时刻表、电子书、上网、聊天等。
- 工人：声音大、坚固耐用等。

了解顾客对老产品的使用体验

了解顾客原来用的什么产品，对挖掘顾客的需求是很有帮助的。顾客原来使用的产品，能体现他的使用习惯，而顾客对一直使用的产品的评价，更能够体现出他对自己这次所要选购商品的期望。

以手机为例，询问顾客之前用的哪款手机，然后用这样的话进一步展开话题："某某手机不错啊，您怎么要换手机呢？"

这就是先认同，然后让顾客说出原因，在产品介绍阶段注意与客户原来实用的手机做对比，针对顾客提出的需求讲自己产品的特点和优势。

从其他方面探知顾客的需求

很多手机导购都会在推荐手机的时候询问顾客每月的话费有多少，但是他们问了话费之后，往往就没有下文了，那你为了什么而发问？导购员每问一句话，后面就需要一个话题接上，这也就是我们说的技巧性销售。技巧性销售就是不做无用功，任何一句话，任何一个微笑，哪怕倒水都是有目的的。

了解到顾客每月的话费，也能把他们分为几类，一类是每月100元以内的，一类是100~200元之间的，还有就是200元以上的。100元以内的通常是学生或者收入比较低的人，100~200元之间的大都是普通上班族，跑业务的和当老板的多在200元以上。

知道了话费，怎么说呢？

第四章
找准顾客的需求

话术模板

1.100元以内：那你是发短信比较多吧？（转而介绍手机的输入方式/飞信）

2.100~200元：电话费挺多啊，那一定要比较耐用的电池！

3.200元以上：电话费这么多！看来您的生意一定很好！这么多电话，一块电池一定不够用！

电话费这么多！看来您的生意一定很好！您出差比较多吧？

旁敲侧击的话语，都是为了挖掘顾客的需求，针对挖掘出的购买需求进行有针对性的产品介绍，这是优秀导购必备的基本功。

针对顾客的购买预算施展话术

了解顾客预算的重要性毋庸置疑，几乎每位导购员在面对来到柜台前的顾客时都会问顾客想买什么价位的产品，但很多导购员在推荐完价位相当的产品后就没有下文了。我们说的要把习惯性的销售改为技巧性的销售，技巧性的销售就是说的每一句话都是有用的，在得知顾客的预算之后不仅可以从某种程度上推算顾客的需求，也是赞美的切入点。

话术模板

1.顾客：我想买个600元左右的手机。

导购：您说得很有道理，手机现在都变成快消品了，更新换代很快，没必要买很贵的，关键是买适合自己用，您看下这款……

2.顾客：我想买个1000多元的手机。

导购：一看您就是有品位的人，您的衬衣都是名牌，手机天天带出去用，总要买个有档次的，功能多，也体面。今年最流行的就是玫瑰金色，你看下我们的这款手机……

导购在向顾客推荐某款产品的时候，先表示认同顾客报出的价位，而后再推荐合适的产品，会事半功倍。

顾客的生活习惯是需求的根本

一旦养成了某种习惯，就很难改变，购买一件心仪的产品，一定是符合使用者生活习惯的，客户的需求也大多来自他的生活习惯。所以，了解顾客的生活习惯很重要。

年轻人大多听音乐多，那就介绍相对应芯片好、音质好、耳机好的手机；如果看到挎着包的，觉得像业务员，你就可以根据他的出差多而介绍产品相对应的重点。顾客不关心你的产品是有50个卖点还是80个卖点，他只关注他所需要的功能，要针对顾客的习惯，具有针对性地介绍重点。

需求的彻底理解，抓住关键点，针对性透彻介绍，让顾客感到这款产品就是为您量身定做的，才能真正打动顾客，快速成交。

需求话术的实战范例

我在市场调研时，和很多现场的顾客进行过交流。我发现，能否最终购买导购所推荐的产品，关键在于所推荐的产品是否匹配顾客多样的需求。所以，导购若要高效成交，必须能够快速、详细、彻底地了解顾客的需求，同时，还要应用话术，告诉顾客自己的产品是如何满足他的需求的。

下面就用集成吊顶的导购为例,介绍需求话术在实战中的应用。

以建材市场中的集成吊顶为例,集成吊顶是将不同功能的模块组装到一起的设计,在导购时,需要满足顾客多种需求,将合适的模块进行针对性组合后才能变成成品,而终端陈列的集成吊顶仅是半成品。简言之,集成吊顶的销售是建立在实际功能、整体装修风格、顾客个性等多种需求的基础之上,所以在销售中必须"量体裁衣",全方位满足顾客的需求才能高效成交。

1. 顾客想把产品用到哪里。

建材产品用途分解见图4-3。

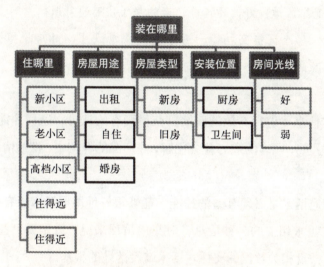

图4-3　建材产品用途分解示意图

(1) 住哪里。

"住哪里"这个问题是导购经常问到的问题,貌似随口问的一个问题,却可以获得很多的信息:

- 可以据此判断顾客的购买能力、购买数量;
- 可以成为与顾客沟通的切入点;
- 可以成为赞美顾客的支撑点。

当顾客告知住所所在地,导购马上应该有应对话术。

让顾客心动的导购术

话术模板

1. 住得远：您住得离这挺远，开车来的吧？先坐这休息下，喝杯水。

2. 住得近：××小区啊？那有很多顾客在我这买的吊顶，昨天刚订了一套，你来这里看一下他们买的是这样的……

3. 新小区：真有眼光，你那个小区地段很好，升值潜力巨大，估计三年房价就能翻一番！

4. 老小区：老小区地段好，还清静，老的房子住着也舒服。

5. 高档小区：那小区挺高档，一看您就是成功人士，好房子得配好吊顶，住着舒心，也气派……

导购对顾客信息要进行有效的回馈，获得顾客的认可，这样才能在沟通中产生共鸣。有了共鸣，顾客的戒心就会化解，在产品的介绍中，抵触情绪会降低，接受度就会更高。

熟练掌握对应话术是必须具备的技能，能够很好地施展话术还有一个前提，就是熟知和顾客需求相关的各种信息，对集成吊顶来说，就是要熟悉各楼盘的详细档案，没有楼盘相关数据的支撑，话术就没落地的根基。

施展话术的知识储备：

- 熟悉周边小区的名称、位置、配套资源；
- 熟悉周边小区的房价、建筑年代、房型；
- 各小区的购买顾客档案整理：地址、效果图、实景照片。

（2）房屋用途。

一般顾客的住宅用途有两种：自己住和出租。自己住又有一个特例——结婚住房。不同的用途，对集成吊顶的需求均不同。

①出租

需求：简单，经济实惠，耐脏、耐腐蚀、好维修。

话术：

出租的话，吊顶不需要花太多钱，简单实用的就行。那些房客一般不爱惜房东的东西，所以吊顶一定要选耐脏、耐腐蚀的，换房客了稍加打理又像新的一样。您看这款吊顶，出租房选这款的比较多。

②自住

需求：有档次、外观漂亮与整体装修风格完美匹配，且使用寿命长，好打理。

话术：

装修最好是一步到位，好的吊顶都能用二三十年，关键是挑花色、工艺，您厨房的装修风格是什么样的？

③婚房

需求：喜庆、时尚、格调高雅、轻装修重装饰。

话术：

恭喜你们啊！结婚是一辈子的大事，婚房装修都要喜庆点，来这边看一下专为婚房设计的"同心结、地老天方"，你们的装修风格是怎样的？

(3) 房屋类型。

①新房

需求：与整体装修风格的匹配、使用寿命长、外观好看。

话术：

新房装修是件很累人的活，我家房子装修下来我瘦了十多斤。天花板比较好选，主要是与整体装修风格的匹配，您家是什么风格？

②旧房

需求：彻底翻修、焕然一新、不落伍。

话术：

既然下决心改了，就装修得漂亮点。准备装成什么风格？

(4) 安装位置。

①厨房

需求：与橱柜、墙面砖、地板砖的映衬，耐油烟、耐腐蚀、好擦洗，灯亮度高。

话术：

俗话说：穷看厅堂，富看厨房，厨房的天花一定要选好一点的，既要看起来高档，又要实用，不积油、耐腐蚀、好擦洗。您家的橱柜是什么风格的？这几款天花板是专为厨房设计的，您看（产品抹油擦拭演示）……

②卫生间

需求：暖色调，与洁具、墙面砖、地板砖的映衬，不滴水、不腐蚀。取暖、照明、换气的合理设计。

话术：

您原来有没有注意过，洗澡的时候天花板上会有水滴到头上，很烦！您看，（用喷壶往天花板上喷水），水根本不会滴下来。所以选卫生间的天花板一定要选这种不滴水的，不滴水的也有很多款式，您来这边看看。

(5) 房间光线。

①室内采光好

需求：铝原色或银色，更显高档。

话术：

真会挑房子，光线好的房子最好装修了，您家是什么装修风格？

②室内采光弱

需求：明亮颜色或暖色调的天花板，空间会显得更大，灯光要足够亮。

话术：

光线不好不怕，挑好天花板的花色就能弥补，这边电脑上有几个给光线不好的厨房设计的天花板效果图，您来看看。

2.顾客的需求进度。

装修的进度，不同的装修阶段决定对吊顶的不同选择，就目前家装来看，吊顶不是主色，而是搭配色，不像地板，可以做为主色，其他颜色向地板映衬靠拢，吊顶是辅色，只能被动和其他装修风格进行搭配。

装修进度图（见图4-4）：

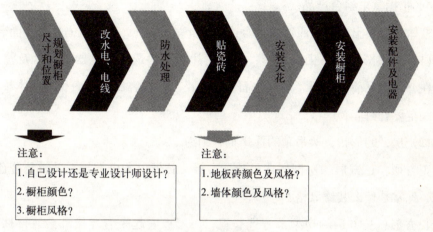

图4-4　顾客装修进度图

当获得顾客的信息后，切记"三不管话术"：

不管是什么颜色，都要说您眼光很好，这种颜色装在厨房/卫生间一定很好看！

不管是什么风格，都要说您很有品味，这种风格将会成为流行。

不管是谁设计的，都要说很有创意而且考虑得很周全！

对顾客的装修风格、颜色喜好不做负面评价，导购切记不能把自己的想法、审美观强加给顾客！

3．花色喜好。

顾客对吊顶花色选择，会有两种情况：一是已有成熟的想法，经过多家对比或设计师已给出了建议，已明确要买什么花色的吊顶；二是没有成熟的想法，随机挑选。

花色的选择，是感性的过程，不管是第一种还是第二种顾客，集成吊顶的花色一定要考虑和整体装修风格的完美匹配。一个优秀的集成吊顶导购员必须掌握装修色彩学的知识，给顾客客观、完美的装修推荐。

很多顾客进店后不理导购，自行在店里挑选自己感兴趣的花色，肢体语言表现是：一站二看三摸四问。这时候应对的方法就是要先满足顾客的好奇心：看啥讲啥，摸啥讲啥，问啥讲啥，先满足顾客的需求，然后再了解顾客的装修风格，给予装修吊顶搭配的建议，进行引导介绍。

4．根据需求组合产品。

量体裁衣做出来的衣服穿着最合适、最舒服，同样，产品也需要量体而购！

（1）面积影响着吊顶的选择，比如花片数量的选择、电器的数量及位置，所以在介绍产品前一定要了解顾客面积的大小。当顾客反馈了面积的具体数量，导购一定要有回应。

（2）房子的形状，对吊顶的选择也有制约。

正方形：正方形的房型好选吊顶，方板、长板、条板都行，关键是花色和工艺，您家是什么装修风格？

长方形：长方形的房型最好选长板，方形板看起来有点凌乱会显得拥挤，长板更有层次，会让房间看起来不是那么窄。我这边有效果图，您来看看……

5．顾客的生活习惯折射购物需求。

顾客不同的生活习惯，需要不同性能的吊顶来满足。

比方说爱吃辣，厨房就会油烟多，所以一定要选耐油烟、好打理的吊顶。

如果爱泡澡，泡澡的时间会比较长，如果是北方的话就容易滴水，而且泡澡的时候都是仰脸看着吊顶，所以要选不滴水的、耐看的吊顶。

没有需求的了解，任何产品的介绍都是事倍功半，甚至会前后矛盾，搬起石头砸自己的脚。在没有了解顾客需求之前，少做产品介绍，言多必失。销售的主线，就是由浅入深挖掘顾客需求，然后针对需求进行产品讲解与演示，最后告诉他：**这款产品就是为您量身设计的！**

让顾客心动的导购术

第五章
不同的话术给不同的顾客

一个人要是被形容成"见什么人说什么话",大家可能会觉得他滑头了些,但反过来想想,和不同的人打交道,都用完全一样的方式合适吗?不分场合不分对象,一味生搬硬套导购话术,那肯定也是不行的。

第五章
不同的话术给不同的顾客

卖给谁，决定该怎么说

在你面前的每一位顾客都是不一样的。他们的需求、喜好和购买能力都是不同的，一视同仁地接待，显然不妥当。那么，作为终端销售人员，你有没有分析你的目标客户群？

我曾应邀去一家小家电生产企业做销售咨询服务。该企业的主要产品是电饭煲和电压力锅，产品很有特色，拥有专利的储热装置能够在断电后持续加热30分钟。如果是做米饭，在沸腾后自动断电，然后靠余温把米饭焖熟。这样一款有特色的产品，销量却一直打不开。

企业负责人很兴奋地介绍说："我们主打的卖点是可以做农家饭的电压力锅。农家饭就是水沸腾后将大火熄灭用余火焖出来的，这样做出来的米饭香、绵、软，口感特别好，我们这个原理和做农家饭是一样，猛火煮，文火焖。我们的宣传主题是：断电煮饭，能煮农家饭！"

讲的人很兴奋，我听着也兴奋，勾起了我对农家饭的怀念与向往。经过现场试验，这种靠余温焖出来的米饭确实很香。但在品尝有农家饭味道的米饭时，想到个问题："你们现在的销售渠道是怎样的？"负责人告诉我说："我们目前的销售渠道主要建立在三、四级市场，也就是乡镇和县城的一些家电门店或小商场。"

这下我明白为什么这么好的产品却没有卖好了。产品主要是卖给农民，农民天天在家做着农家饭，都是用柴火大火煮、小火焖，他们怎么会怀念农家饭的味道？怎么会对这个卖点产生兴趣与共鸣？

想起来一个笑话：张三喜欢钓鱼，也喜欢吃巧克力。他去钓鱼用的鱼饵不是蚯蚓而是巧克力，钓了半天没见一条鱼上钩，路人问其为什么用巧克力做饵，张三答曰：我喜欢吃巧克力，我觉得鱼也喜欢吃巧克力。

企业负责人怀念农家饭的味道，就把宣传主题定位在"能做农家饭的电饭煲"，但你的顾客天天都在吃着农家饭，何来怀念？卖点产生于消费者需求，而不是自己的主观臆断。

后来建议其将宣传卖点改为："省时省电看得见。83℃水温自动断电煮好饭，92℃水温断电煲好汤，比传统饭煲和压力锅节能近50%。"农村消费者对产品的需求点不同于城镇消费者，省电省钱更能打动他们。

同一个产品特点，对不同的消费者，要转化成不同的卖点，这就是话术的魅力。

男人、女人会为什么买单

人有男女之分，有胖瘦之分，有年龄之分，有高矮之分。不同的身份特征，对产品的需求也自然不同，以电动车为例：

- 男人：需要提速快、结实的车；
- 女人：需要漂亮好看、不易坏的车；
- 胖人：需要动力强、车架好、电池好的车；
- 瘦人：需要减震好的车；
- 年轻人：需要时尚、速度快的车；
- 老年人：需要安全、耐骑的车。

……

第五章
不同的话术给不同的顾客

不同身份，其需求不同，讲产品的方式也不同，为什么这款车适合顾客的身份特征，要用适合他的语言讲出来。

话术模板

1. 对女性顾客：你的鞋子在哪里买的？和你的衣服很般配。（等顾客回答）选电动车也和选鞋子一样，要选一个外观好看的、骑出去漂亮的吧？

2. 对男性顾客：我喜欢给男人介绍电动车！（等顾客产生疑问）男人选车都看重提速快，能快速超车；看重车质量，车得夯实耐骑，这些都是看得见摸得着的，不像女人，选车都要感觉漂亮的，这个感觉就搞不准了！

女性顾客的购买行为受直观感觉和情感影响很大，更喜欢"跟着感觉走"。感觉上符合心意的就会掏钱购买。女顾客更容易受商品的外观设计影响，引起情感联想而冲动购买。女性爱美、求美的心理加大了对商品外观形象的注重。对女性顾客来说，"方便"和"好看"的商品更容易激起她们的购买欲望。

一对年轻夫妇在苏宁重装开业的时候逛商场，远远就看见他们在看美的的电磁炉，看的是特价机，不知道什么原因没买。

走到苏泊尔柜台前，那女性顾客说苏泊尔的也不错。

促销员马上接话说："对呀，了解一下吧，苏泊尔的电磁炉是行业内数一数二好的，看一下苏泊尔的赠品就知道了。你看这黄色的铁搪瓷汤锅，没有别的牌子的电磁炉会送这种赠品的。为什么他们不敢送？那他们做不出来还买不起吗？因为他们的电磁炉受热不均匀，用这铁搪瓷会掉漆的；苏泊尔电磁炉就不一样了，传热均匀，可以放心地使用了。多用富含铁元素的锅，尤其对女性身体有好处，补铁又补血；价格也不贵，399元还有SP原装的汤锅炒锅配，非常划算。"

男士转头悄悄问女的："那就要这个吧？"

女的微笑默认。

案例中的导购员在介绍赠品的时候，就先从赠品的颜色入手。"你看这黄色的铁搪瓷汤锅，没有别的牌子的电磁炉会送这种赠品的……"一般赠品锅具的颜色是黑色或灰色，但SP的锅具颜色是黄色，这既能够体现自身品牌技术上的优势，也能用颜色的独特性来满足女性顾客对颜色的需求。

女性更容易受到他人观点的左右，在做购买决策时也不例外，这从一个侧面也反映了女性消费的非理性。案例中的顾客是一对夫妇，丈夫的态度对女顾客的决策行为有极大的影响。这对夫妻，丈夫习惯性呵护、关心妻子，对妻子的身体健康比较关注。在案例中，导购员刻意强调了赠品锅具具有补铁补血的功效，是从侧面引导男顾客让女顾客做决策。

从这个简单的案例中可以看出，终端销售的过程，也就是认识和了解顾客的消费心理，然后用相应的销售技巧激发顾客购买欲望，再挖掘顾客需求，最后满足顾客需求的过程。

顾客多人同时进店，分清购买角色

进店的顾客，有一个人自己来的，也有两个人结伴而来的，还有三五成群来的。有的是夫妻情侣组合，有的是家庭老少组合，有的是朋友同学组合，有的是同事邻居组合，不一而足。一个人来时相对比较好接待，搞定他自己就搞定了全部，人多就麻烦了。记得有次调研座谈时，一位导购说："井老师，我最怕的是两个以上顾客来，不好找哪个是接待重点。"我十分理解他的难处。谁使用产品（使用者）、谁买单付钱（付钱者）、谁具有拍板决策权（决策者）、谁来参谋建议（参谋者），这四种购买角色不分清楚，哪能成交！

有次在一乡镇调研时，遇到4位顾客来买电动自行车。一个是上了年纪略显苍老的农村大爷，衣衫破旧，满脸岁月痕迹，双手布满老茧。一个是中年男子，

第五章
不同的话术给不同的顾客

衣着光鲜，腰粗肚圆。还有两位是村妇打扮的中年妇女。

导购满面笑容迎接上去，"来了，给谁买车哩？"腰粗肚圆的中年男子说："给俺爹买的！"好了，弄清楚两个人的身份，老农是父亲，中年男子是儿子。在接下来的沟通中，两位中年妇女的身份也弄清楚了，一位是儿媳妇，一位是邻居。

刚开始，导购问是谁骑的，儿子说给父亲买的，这个导购就把目标锁定在了父子身上，围绕着这对父子展开了攻势，又是递烟、让座，但半天未果。

我和专卖店的店长站在旁边分析为什么这么久了还没成交。我对店长说："没找对人。先从儿媳妇下手介绍，然后是邻居。老头是使用者，但没有任何决策权，他的意见不用管；钱应该揣在儿子的腰包里，儿子是付钱者，但没有决策权，可以不理他；儿媳妇是决策者，说服儿媳妇就能成交，估计那个邻居是儿媳妇叫来的参谋者，儿媳妇会很在意邻居的建议。这一家子，儿子应该是"妻管严"，邻居出点子，媳妇管儿子，儿子管老子。"店长一听很认同，马上对儿媳妇展开了攻势。

"姐，像你这么有孝心的儿媳妇可不多了！准备给老爷子买个啥价位的车？"

"老爷子原来骑过电动车吗？（儿媳妇摇头）没骑过啊，那得让老爷子上来试试，您说呢大姐？"

在对儿媳妇的介绍过程中，参谋者开始插话给建议了，这时候店长的话术更高："大姐，您对电动车真在行，还那么用心，怪不得这个大姐买车叫上您。"

店长对参谋者一番甜蜜恭维，对方马上心花怒放，告诉儿媳妇哪款车适合老爷子。这时父子两人在一旁抽着烟，也不怎么说话。后来的成交很轻松。老大爷骑车很开心，儿子掏钱的时候也很开心，媳妇也开心，何乐而不为？

不过像这种泾渭分明的四种角色全部由不同人来扮演的购买群体在终端毕竟不多，大多是2~3人，哪怕是2人，也有分明的角色，也需要不同的应对方法。

在顾客接待中，参谋者的地位很重要。仔细想想就会明白，为什么购买者会带着参谋者？首先，参谋者是值得决策者信赖的人；其次，决策者对该产品不够熟悉，需要有人给予比较专业的建议做参考，参谋者对同类产品有过使用经验，会对产品十分了解，不是专家也是行家。参谋者这个角色一定不能忽略，说服参谋者后，有了参谋者的推波助澜，再来说服决策者就容易多了。

有些导购很怕参谋者，或者很排斥参谋者。记得有个导购说参谋者就是"搅屎棍"，总是和导购反着来，总是挑三拣四，简直是鸡蛋里挑骨头。费尽口舌给决策者推荐一款产品，获得了认同，接着参谋者一句话："我觉得这个不适合你！"就功亏一篑了。的确，参谋者是"刺儿头"，但导购不摆平参谋者这个"刺儿头"，就没法成交。不管参谋者是真行家，还是伪行家，一味的打压只能适得其反，最佳的处理方式就是示弱与恭维。承认参谋者的专业，委婉向其请教，再恭维其眼光独特、看法正确等，把其拉到说服决策者的同一战线上，对待决策者与参谋者要张弛有道。

话术模板

对待参谋者说："大哥，您真是行家，真让人佩服。您不仅了解产品知识，还对朋友特别细心啊，他带您这样的朋友来买东西，真有眼光。我请教下，他适合什么样的产品？"

当参谋者发表建议后，顺势而下，将参谋者的观点引导到决策者身上。

接着对决策者说："您的朋友对产品真在行，选产品也很用心，难怪您会找他一起来。相信他的应该没错。"

在电动车专卖店里，两个30多岁的农村妇女来买车。攀谈中得知她们是嫂子和小姑子，嫂子买车，自己出钱，小姑子有辆电动车所以来做参谋。

导购明确两人的购买角色之后大加赞扬："难得在农村见到小姑子和嫂子关系这么好的。"然后引导小姑子给嫂子挑车，小姑子挑了辆绿色满盘电机的车，导购说："真有眼光，这辆车是我们质量最好的，大姐，买双鞋还得试试合不合

第五章
不同的话术给不同的顾客

脚,买个几千块的电动车更得试试了,你骑上试试,她给你挑的绝对没错。"

嫂子很高兴地骑着车走远了些,导购的高招又使出来了,神秘地对小姑子说:"我觉得你骑着那辆绿色的比她还好看,你的气质,和绿色是绝配!"赞美的话像蜂蜜一样钻进了小姑子的心里,然后融化成满心的甜,高兴得小姑子哈哈大笑。嫂子回来后,小姑子对嫂子说:"怎么样?骑着感觉好吧,我挑的绝对没错。"嫂子点点头。搞定参谋者,成交就这么水到渠成了。

面对决策者与参谋者,要两点兼顾,同时要有一个重点,绝对不能对参谋者冷眼相加。

如果是两人来购买,三个人来购买或者超过四个人来购买,四种不同的角色又有不同的组合方式,有时一个人可能肩负多种角色,有时又可能是多人扮演一个角色。无论如何,决策者和参谋者这两个角色一定要挖掘出来,使用者与决策者和参谋者相比,反倒可以排在其次的位置,但在介绍产品的时候一定要结合使用者的身份特征进行有针对性的介绍,比如年龄、性别、职业、产品主要用途等。分清顾客角色,也就把接待的先后重点进行了有效排序。

很多时候付钱者与决策者是同一人。如果付钱者与决策者不是一人,那付钱者对成交的影响就会较小,略微招呼就行。产品使用者如果只有一个人,那这个人也不能忽视,接待重点是引导其试用和体验产品。

按照接待重要性进行如下排序:参谋者、决策者、使用者、付钱者,销售对策:

- 对参谋者,示弱恭维;
- 对决策者,深挖需求;
- 对使用者,体验试用;
- 对付钱者,略加关怀。

让顾客心动的导购术

第六章
介绍卖点，引导体验

导购最重要的工作，不是向顾客从头到尾介绍产品，而是要让顾客知道，自己的产品能够很好地解决顾客的问题。导购应该灵活地使用话术，将每句话都说到顾客的心坎里，再让产品给顾客良好的体验，使顾客心底燃起强烈的购买欲望。

第六章
介绍卖点，引导体验

用对比找到产品特色

无论用什么方式去介绍产品，都有一个依赖的基点：找到产品准确的卖点，然后把卖点放进话术。

卖点究竟从何而来？它是从市场需求中来，从对优秀导购和顾客的访谈中总结而来。

我曾为珠海某家企业的电压力锅产品提炼卖点与话术。

首先带领他们进行了多省的市场调研。电压力锅历经过近20年的发展，技术已经很成熟，所有品牌产品差异不大。提炼卖点，就需要在相同中找出不同，并通过话术的总结及强化复制培训，转变为销售技巧。如表6-1所示，我把这个品牌的电压力锅提炼为"三点不一样"。

表6-1 某品牌电压力锅的"三点不一样"

卖点			动作/备注
产品三点不一样	外观不一样	青花瓷，不沾油、不褪色、不起皮、不腐蚀	用手擦，不沾手印
	配置不一样	上盖不一样	材料不一样：演示三层上盖，保温、防烫……
			开合盖不一样：演示单手开合……
			拆放不一样：演示可立设计，不占空间
	内胆不一样	材料不一样	锰钛铝，敲、按、站……
		工艺不一样	内胆与单页配合：七层工艺处理，导热快、不脱落、耐磨，七层分别是……
			螺纹不一样：大六边形螺纹，导热快……
		加热盘不一样	重量不一样：拆、掂、称、比……

(续)

卖点			动作/备注	
产品三点不一样	内胆不一样	加热盘不一样	技术不一样	拆、看铜铝，快导技术
			涂层不一样	磨、刮、擦……
			功能不一样	"无级调压"，汽车手动挡与自动挡的区别

分享几个卖点的话术：

1. 外观不一样。

主动推荐话术：我们用的青花烤瓷釉化工艺，经过了4次喷涂，5次高温烘烤，再加一次釉化处理，表面光滑如镜，不沾油、不褪色、不起皮、不腐蚀。

演示：用指甲划，没印迹；用钥匙划，没印迹！

补充话术：中国有句俗话：穷看厅堂，富看厨房！这款青花瓷的电压力锅摆在厨房除了蒸、煮、焖、炖、煲样样精通外，更是件精美的艺术品，绝对给你的厨房添彩！

被动推荐话术：当产品已吸引顾客，要求介绍或者停留在这款压力锅上时：您太有眼光了，这款是行业里唯一青花瓷外观的电压力锅。采用"四喷五烤"工艺，不褪色、不起皮、不腐蚀、不沾油，比不锈钢好打理多了！您摸摸看，一点手印都不粘……

2. 上盖不一样。

（1）材料不一样。

主动推荐话术：您掂一下上盖，很重！因为它是有三层设计，最里面是不锈钢，中间一层聚酯保温层，外面是防烫隔离层，三层设计，断电保温效果延长一小时！

演示：手指三层不同颜色的材料。

主动推荐话术：您按一下这个不锈钢，使劲，一点都不变形。这个不锈钢叫"304医用不锈钢"，和手术刀的材质一样。特别坚固，不变形，不腐蚀，安全又健康！

演示：自己按一下，再引导顾客按一下。

（2）开合盖不一样。

第六章
介绍卖点，引导体验

主动推荐话术：您注意了吗，一般压力锅在开合盖的时候需要两只手，还必须对好牙口，不然打不开合不上，您看我们这个的实用设计，单手就能打开，方便吧！您试试，一只手就能做到的事情，干吗非要用两只手呢？

现场演示单手开合，并引导顾客尝试！

(3) 拆放不一样。

主动推荐话术：您原来有没有注意，每次打开盖盛汤的时候，这个锅盖总是找不到地方放？我们这个是可立式设计，再也不用锅盖没地方放、找不到锅盖而着急了。

锅盖立起来后，里面的汤水就顺着内层流到了积水盒里。

演示：现场演示可立式设计！

这些话术都是通过终端调研而来，再经过加工，简单化、通俗化、形象化地说出来，以及正说、趣说、妙说的话术提炼思路，然后整合成话术模板进行复制。

只有这些自说自话的话术还不够，还需要和竞品对比。

当三款产品摆放在一块，我提出了"外观→配置→实验→拆机"的四项对比思路，在此引导下，挖掘出了这个产品的"制胜"话术（见表6-2）。

表6-2　产品外观对比表

对比项目		竞品A实况	竞品B实况	珠海某企业电压力锅	
				实况	结论
外观	材质	不锈钢	不锈钢	青花瓷	1.易打理，不沾手印，好清洗 2.独特高档、美观
	焊接	焊点明显	无焊点	无焊点	无缝焊接，竞品A的焊接处容易腐蚀，且不好擦洗
	去污试验	污渍明显	污渍明显	光亮如新	青花瓷比不锈钢更好清洗，不沾油性更好
	防滑把手	无	5条防滑浅线	4条防滑槽	设计科学，端牢，不会脱手

在外观的几项对比结束后，我们开始信心十足，通过量、称、数、算、比等方式挖掘配置方面的不同话术（见表6-3）。

表6-3 产品对比话术表

对比项目		竞品A实况	竞品B实况	珠海某企业电压力锅	
				实况	结论
上盖	防烫设计	1/5防烫	1/4防烫	全防烫	更安全
	上盖外形	3级台阶	棱角梯式	全弧面设计	更好清洗,无死角
	上盖组成材料	一层不锈钢	一层不锈钢	三层:防烫塑料、聚酯保温、不锈钢	防烫、保温效果最好
	防堵罩	十字形	11孔22槽	6孔22槽	不容易堵塞,易拆洗;A最容易堵塞,存在有安全隐患
	开合盖方式	双手	双手	单手	AB需要对牙口、必须双手配合操作,操作不到位存在安全隐患或无法工作;单手轻松开合
	连体上盖	不是连体	不是连体	连体可立设计	不占空间
内胆	螺纹	无	菱形	大蜂窝形	导热快、好清洗、不粘锅、不糊锅
	工艺	3层	4层	7层	导热快、不脱落、耐磨
中层	宽度	窄:放不下手指	窄:放不下手指	宽	易清洗
	涂层	喷漆	不锈钢	爆花纹粉	不脱落、不起皮、保温效果好
	牙口厚度	5毫米	4.5毫米	6.5毫米	不偷工减料
发热盘	重量	540克	560克	640克	不变形、传热快
底座	高度	4厘米	4.2厘米	5厘米	底座高度最高,防水、散热效果最好
	防滑垫	4个	5个	6个	防滑效果最好

直观对比后,还要做相关实验:

烧纸实验:4个导购分工:1个人计时,剩下3个人负责三口锅的启动、停止。把同样的餐巾纸用内胆压着放到发热盘上,启动加热。实验进行中,负责珠海某企业电压力锅的导购突然兴奋地大叫:"糊了,冒烟了!"这时计时员迅速按下计时器,3个导购同时关掉了三口锅,拿开内胆,发现珠海某企业电压力锅的纸中间

第六章
介绍卖点，引导体验

部位已经发黑、烧焦，但竞品B只有淡淡的变黄痕迹，竞品A焦黄，但没变黑。

做饭实验：同样的米量，再加同样的水量，同时启动工作，16秒后珠海某企业电压力锅的米饭烹饪结束跳到保压时间，2分钟后，竞品A进入保压状态，等了5分钟竞品B竟然还没有进入保压状态，以至于负责竞品B的导购认为B这台机器是不是坏的，还抱着摇晃了几下，终于在25分06秒B才跳到保压。到开始排气烹饪结束，我们比竞品B少用了17分钟。

米饭做好后，拿出内胆倒扣在桌子上，珠海某企业电压力锅轻拍内胆后提起内胆，米饭完整地留在桌子上，且内胆上没有米粒；竞品A也是同样的轻拍，提起内胆，发现米饭还是粘在内胆上，第二次大力拍，才把米饭倒在桌上，但内胆底部沾了多处米粒；竞品B虽然轻轻一拍就把米饭倒扣在桌上了，但内胆底部大面积糊底。

三份米饭全倒在桌子上后，发现高度不同，用尺子一量，我们做出来的米饭竟然比竞品B高出了近1厘米（见表6-4）。

表6-4 产品功能演示对比表

对比项目		竞品A实况	竞品B实况	珠海某企业电压力锅	
				实况	结论
烧纸	纸巾放到加热盘上加热3分钟	焦黄	微黄	纸变黑	我们的加热速度最快
煮饭（同样米量、同样水量）	煮饭时间	18分06秒	25分06秒	16分17秒	我们的用时最短，省钱、省时、省事
煮饭（同样米量、同样水量）	自动排气时间	32分50秒	45分25秒	28分02秒	排气时间最短
	色泽	干、燥、米粒中间有白色，煮的不透	糊，米粒不完整，粘	饱满，晶莹剔透，米粒颗粒完整	烹饪效果最好
	不粘	至少6处米粒	不粘，糊底最严重	不粘	内胆不粘性最好
	米饭上层	凸凹不平，沸腾痕迹明显	有凸凹，不明显	平整	双喜不沸腾、不排气，营养保留全
	米饭高度	3.5厘米	3.0厘米	3.8厘米	米充分吸收水分、充分膨胀、充分释放营养

举例说明更有说服力

还记得前文提到的两位床垫销售高手吗？在后来的床垫销售中，小白充分用举证来推销产品，是很好的卖点介绍方法。

场景1：

小白：这款床垫是性价比最高的一款，材料是国外进口国内组装的，昨天金山谷的胡先生就买的这款。他家里的老人房、主人房、儿童房的床都是配的这款床垫，不过他的老人房、儿童房配的都是加硬的。

点评：金山谷的胡先生买的就是这款，举例证明此款床垫受欢迎。

场景2：

小白：所以说我要你亲身试，不能用价钱去衡量它的好与坏，都是要根据个人感觉，这张是比利时原装进口的，比那张要贵几千块呢。

我：贵的反而不适合我，看来我只能用便宜的。

小白：也不是啦，像清华坊的刘总，是个大公司的老总，他就习惯睡弹簧硬一点的，但他爸妈就喜欢睡乳胶的。那边有一款乳胶的，您来试试。

点评：清华坊的刘总和你有一样的选择，说明你的选择并不坏。

场景3：

小白：您家里还没装修好吗？

我：是啊。

小白：现在是很多顾客都是没装修好先来看家具，选好家具以后再装修，您看一下这种床，是根据古典风格设计的，非常大气。锦绣香江的何先生是做珠宝生意的，非常讲究卧室风水，他一进来就看中了这张床，他说风水学上讲，靠背厚就踏实，靠背就是靠山的意思，他非常喜欢这张床，他当时定的是两米乘两米的，配的床垫是乳胶加弹簧的。在中国的传统里面，床不是轻易换的，所以选择一张好的床很重要。

点评：借顾客的口说出产品的卖点。

第六章
介绍卖点，引导体验

场景4：

小白：华南新城的吴姐，她先生的颈椎病非常严重，他先生看到这种枕头，试了一下非常舒服，后来就配了这种枕头。

点评：自卖自夸，不如别人来夸。

场景5：

小白：这种床垫采用的是比利时进口珊瑚绒，是靠一整张面料透气的。排气排汗效果特别好，2009年慕思搞了以旧换新活动，去客户家回收旧的床垫，祈福新村的汤小姐家的床垫打开以后，里面都生锈了，很可怕的那种。

点评：制造顾客的恐惧心理也是一种销售手段，这种恐惧的产生是根据事实而来。用祈福新村的汤小姐来佐证自己的观点，也侧面告知顾客使用自己产品的好处。

【分析】

小白通过一个又一个购买案例来化解我的戒心：这款产品都有哪个小区的哪个人来买过。这些案例信手拈来，自然、妥帖、真实。

她娴熟举出些例子，一是证明了自己所言不虚，有人买过；二是利用了顾客的从众心理，别人既然买了就不会错的。

顾客购物的恐惧心理产生源头，价格上吃亏是其次，主要是怕上当，怕买错东西而后悔。导购需要用足够的证据来证明这个产品适合他，并有很多成交的案例。从众效应也从侧面反映信息的不对称，顾客的判断标准只能是表面的。就像我们吃饭，大都爱选择人多的餐馆。餐馆的味道真的适合自己吗？不一定，只是觉得很多人在吃了，就算差也不会差到哪里去。

空口无凭，如果用翔实的顾客档案来佐证，白纸黑字的说服力会更强。

介绍产品性能适当打比方

在介绍产品的时候，数据是很能说明产品的情况的，但同时，数据也是冷

让顾客心动的导购术

冰冰的,不一定会打动顾客,这时不妨适当用用比喻,充分说明产品的优秀。在这一点上小白的话术也很好,我们看看下面的几个场景:

场景1:

我:这种电动的床,两块床垫都可以动还是只能动一块?

小白:两边都可以动,比方说你和你太太,你看书,你太太看电视,两个人要的高度不同,可以各自调节自己最舒服的状态,这是很人性化的设计。

点评:床垫是分开独立的,分开独立的好处是顾客最关心的因素,然后结合生活场景,让我想象出这种床垫带来的好处。

场景2:

我:下面电动的那些东西保修多少年?

小白:保修15年,这是德国原装进口的电机。像你买过汽车也都知道,原装进口的汽车比国产的质量要好些,价格也贵。

点评:一旦涉及产品,更多导购会讲解配置、材质和工艺,这些专业术语或参数让顾客云里雾里不明所以。利用生活中顾客熟知的常识,才能让顾客清楚感知并认同。

场景3:

我:不用了,你们电动床太贵了,刚才问了光一个电动装置就要五六万。

小白:像在我们慕思选产品的话,就像你去电脑城配电脑一样,配置不同,价格也不同。我们从1万多,能配到8万多,配到十几万的都有。

点评:为什么产品的价格不同,是因为配置不同。如何让顾客明白,举顾客所熟知的事物做类比最有效,像中年顾客都多少懂一些电脑的常识,对电脑配置和价格的关系很清楚。

场景4:

我:这个下面是弹簧吗?

小白:是的,这个下面是独立桶弹簧的。可以看一下(演示:拿出杂志给我看),这个是慕思与"欢乐中国行"在东莞厚街举办的活动,这是一个展示,

第六章
介绍卖点，引导体验

每个弹簧都是独立构造的，这种床垫在欧洲也被称为"爱心床垫"，这种弹簧就像钢琴键一样的，你按哪个键就哪个键受力，你躺在床垫上，你哪个部位挨着床垫哪个部位的弹簧才受力，这样即使你早上起床都不会影响身边的另外一个人，这种床垫的抗干扰性也是特别强的，毕竟是和妻子一起睡的，不能干扰到妻子的休息，女人还是要睡眠好才行。

点评：独立桶装弹簧的原理和好处，对顾客而言是陌生的，但和钢琴键做个对比，顾客便一目了然了。再描摹出生活中必定存在的场景，结合这款床垫会带给顾客的好处，令顾客不得不心动。

场景5：

小白：每个人的习惯不同，就像您进来就问乳胶的，很多客户过来我们都是让他亲身体验，一定要躺，有的人睡惯硬床，你就让他睡最贵的乳胶床垫也不一定会睡得舒服，适合的才是最好的，这就跟买鞋子一样，哪怕鞋子再漂亮，不合脚也不行，您感觉这张床垫软硬度怎么样？

点评：什么叫适合的才是最好的？就像选鞋子，每个人都有的体验：明明看起来很漂亮，要么鞋底硬了，要么没有适合自己的尺码，选床垫亦是如此。

场景6：

我：你这里有没有什么环保的证书？

小白：这个您放心，我们都有过关证明的，乳胶是从生长在亚热带雨林的橡树里提取的树脂，是非常环保的，不像市面上的海绵什么的是化工原料生产的。婴儿奶嘴和医用手套都是采用这种天然、环保的乳胶材料做成的。乳胶床垫有一个特性，就是抗螨性特别强，防螨虫，像一般普通的床垫如果三年没有清理的话里面的螨虫就特别多，乳胶带有天然乳胶的香味，可以防蚊虫防螨虫。

点评：乳胶是什么？特性是什么？好处是什么？对于非专业的顾客来说都是抽象的，抽象的事物形象说、举例说，列出了哪些用具用过乳胶，显性的好处就不言而喻。

场景7：

小白：您看一下床下面的排骨架不同，配置不同价钱也不同，市面上的排

让顾客心动的导购术

骨架都是木头一条一条的，这种是德国原装进口的功能性骨架，睡在床上，躺上下压后，这种排骨架也会起到隐形按摩的作用。这一种也是我们很多客户选择的性价比最高的一款，它是针对全身形的，所有的排骨条都是采用和空客A380飞机外壳一样的材料制作的，一根就可以承受120斤的重量（演示：导购站在一根排骨条上），慕思也很注重细节，排骨条是直接钉在床架上的，普通的床用久了都会发出嘎吱嘎吱的声音，这种有缓冲扣，就像汽车减震器一样，有减震减压的作用。

点评：演示是向顾客展示产品特性的最直观手段，单纯的演示动作需要配合话术讲解，导购举空客A380的材料例证、汽车减震的比喻说明，都形象展示了材质的特性及带给顾客的利益点。

顾客往往对产品专业知识知之甚少，这让他们对产品的认知有一定障碍，顾客能理解的，是生活中存在的常识和经历过的感受，只用产品的工作原理、配置参数、物理化学特性等进行解释，只能让顾客更加迷惑。销售语言的最高境界就是能用大白话和生活常识将干巴巴的专业术语及数据说清楚道明白。如果没有专业的老师对导购进行话术的提炼及总结，那导购就要自己消化吸收这些专业术语，再结合生活实际，通过生动、有趣、形象的语言阐述出来。像导购小白那样做的，用配电脑、钢琴键、买鞋子等生活中的例子，用顾客最容易接受和理解的话术来表达自己的观点。

谁最能说服自己？自己最能说服自己。

来买产品的顾客，不是来学习产品知识的学生。顾客的购买逻辑是：你的产品能满足我的需求，所以我才购买。至于所谓卖点、技术参数、专利技术等，只有能给我带来实际好处的才和我有关系。基于此，介绍重心就落在产品的利益点上，利益点的落地需要运用生活中的语言来做降落伞。用专业术语堆砌，不但不能塑造专业形象，反而让顾客觉得你不懂生活，你的产品也不契合生活。

只对顾客说该说的

"可与言而不与之言,失人;不可与言而与之言,失言。"这句话出自《论语·卫灵公》。这句话的意思是,该讲的话你没对他讲清楚,你就把这个人得罪了;不该讲的话你却讲了很多,你就说错话了。

对于终端销售来讲,何谓"可与言"?顾客关心的购买利益点就是"可与言",且必须"知无不言,言无不尽"。

很多顾客怕买东西,其实这个"怕"的背后是怕买错东西而后悔。为打消顾客的疑虑,针对顾客的关注点要进行详细的讲解,而不能"不可言"!

比如一位以实用为购买动机的顾客,他最关心的是产品的功能和材质,这时候讲解的重点就是产品的具体使用性能及材质的优越性,在讲解的过程中要让顾客参与,动手摸摸,亲自操作一番,用顾客自己的感受打消内心的疑虑。这部分的讲解必须是全而透,而不能一言带过。

同样的道理,对于一位以求新为动机的顾客,产品的科技感、潮流、时尚、新颖则是必须详细讲解的内容。

对于一位经过竞品的销售人员"洗脑"的顾客,这时候必须要讲明的是竞争对手的产品的差异化卖点。如果这点讲不清楚,那么就会"失人"!

某楼盘卖点有地段优越、户型布局合理、居住环境优美、生活配套设施齐全、升值潜力巨大的优点。

对于关心地段的顾客要重点阐述独一无二、不可复制的地理位置,地处东西交通的大动脉,聚集最优越的交通资源;

对于关注户型的顾客必须强调户型布局合理,布局上,空间分为动态空间和静态空间,生活空间与工作空间,干空间和湿空间,以及公共空间和私密空间;

对于看重居住环境的顾客,则要描摹临水而居的惬意,紧临世纪公园所带来的生活感受,上千亩高尔夫球场绿树环绕周边,65%的高绿化率……

类似的道理还有一句"言及之而不言谓之隐"(《论语·季氏》)。话已经说到那了,却有所隐瞒不再说下去了,这叫遮掩。销售人员对顾客"遮掩",顾客就会对你"敷衍"。

对于终端销售来讲,何谓"不可与言"?

顾客不感兴趣的、不关注的、未提及的都不说,或者少说。

任何一款产品,其卖点话术都有很多,但这些卖点未必都是顾客所关心的,讲述顾客不关心的内容就是在做无用功。销售人员需要在最短的时间内完成交易,帮助顾客快速挑选,果断地购买产品,而不是浪费时间与口舌。

古语云"言多必失",在滔滔不绝陈述卖点时,往往会出现前后矛盾、难圆其说的地方。在销售过程中,要引导顾客去多说,发现核心关注点。

在产品的种类介绍中,也需要注意这点。不同的款式产品,存在不同的卖点,如果把所有产品的卖点没有主次地全部罗列出来,就会造成顾客无从选择。有不少人去饭店点菜会感到头疼,究其原因,就是因为菜单上的菜品繁多,没吃过的想要尝试,喜欢吃的还想再吃一次,这就造成了点菜无从下手的情况。

主观臆断的内容,不能说。

顾客的购买动机往往都会隐藏很深,难以察觉。同时,很多顾客也会释放出烟雾弹或制造出假象。在未探明顾客真正的需求、未剥去顾客的层层防护之前,不要做任何产品推介。

要避免"不可与言而与之言",最好的方法就是挖掘出顾客真正的购买需求是什么,找出顾客的关注点,只说该说的话。由表及里,探求本源,透过现象看本质,谋定而后动。

在《论语·季氏》中也提到"言未及之而言谓之躁……未见颜色而言谓之瞽。"意思是话还没说到地方,就开始发表自己的意见了,这叫急躁。还没察言观色就开始说,这是拿业绩开玩笑!这是很多终端销售人员所犯的通病。所谓话到的地方,就是顾客的需求点。所谓察言观色,就是探测顾客购买动机。

第六章
介绍卖点，引导体验

下面这个案例就是最佳的体现。

一位中年男子领着妻子和儿子（大约四五岁）来到了商场。从三人言语及外部表现中明显可以判断为一家三口。三人的穿着比较破旧，衣服上面还沾着只有装修才能产生的掸也掸不掉的白色灰尘，夫妻俩的皮肤黝黑、粗糙，小孩子的脸上也有被日光晒出来的太阳红。从穿着上可以判定这对顾客是进城务工的农民工。

男子带着妻儿走到了小家电的区域，逛来逛去，但眼神始终没有离开电磁炉，这时已经快要走近苏泊尔了，从他的眼神里很明显地看出他已经对苏泊尔电磁炉的样式感兴趣了，但位置在苏泊尔之前的某品牌磁炉导购员也已经留意到了这位顾客，拦截了他，并马上向他介绍特价199元的平板磁炉，这是她全场卖得最好的一款。

听完她的介绍，顾客已经被价位打动了，但是仍然在犹豫是否要购买，苏泊尔应该还有机会，毕竟他第一眼看中的是苏泊尔啊，可是苏泊尔的价位不占优势，那又从哪方面下手呢？是不是仍然去介绍苏泊尔最便宜的299元的磁炉呢？这时导购员如果介绍299元的磁炉，价位上不占优势，给农民工宣传品牌价值又不大合适。

待顾客走到面前来，苏泊尔的导购即开始介绍苏泊尔电磁炉的独特卖点，刻意强调了其宽电压设计，如果您家里电压不稳，这款电磁炉也可以使用，这时顾客的兴趣来了：

"是呀，我们住在工地，我就是在考虑电压不稳时电磁炉是不是也能用啊！"导购员顺势向他介绍宽电压的设计是苏泊尔所独有的，是其他品牌所不具备的，许多建筑工地都团购我们的电磁炉，就是因为苏泊尔的宽电压设计能够使磁炉在建筑工地这种电压不稳的情况下也可以使用，而且只有苏泊尔可以做到这一点。

顾客立即双眼放光，在解决了顾客的价格顾虑后，他们高兴地买走了这台电磁炉。

深入才能浅出，深入了解产品相关知识，将其转化为销售话术，才能浅显易懂且有效地讲解给顾客听。把产品知识了解得无微不至的是专家,把产品知识一股脑全讲给顾客的是傻瓜!只有把所有的产品知识了解透彻之后,才可以做到可与言而细言。盲目地详细讲解、背诵话术者就是傻瓜!"会道者,一线藕丝牵大象;盲修者,千斤铁锤砸苍蝇。"

产品介绍5法

终端销售离不开产品的介绍与说明,终端销售的高手在其产品介绍环节往往都高人一筹,将话术运用得极其巧妙即能将产品特点和优点转化为利益点,恰到好处地告知顾客,并能准确把握顾客关注点,在谈笑间将顾客的异议化解于无形。

产品介绍,其要点就在于怎么说、说什么、何时说,存在很多技巧与方法。我通过手机终端销售实例中总结了5种常用的产品介绍方法,希望大家能举一反三,并能以绝招或组合拳制胜。

按什么顺序来讲

陈列在终端的产品,都有很多的卖点,这么多卖点一口气全部讲解给顾客听是不妥当的,太大的信息量,顾客听完了什么都记不住。那么,这些卖点要按照什么顺序来讲?

凡在竞争激烈的手机卖场,优秀导购员接待顾客的开场方式大多采用"需求开场",直接询问顾客的需求,就算使用了"买点开场"和"情感开场",在和顾客接下来的交流中,也应当首先询问顾客的需求。

• 帅哥,想看个什么样子的机子?

第六章
介绍卖点，引导体验

- 你好！你看看需要什么手机？
- 想要翻盖、直板还是滑盖的？
- 喜欢什么款式的手机？
- 买来自己用还是送人？
- 你是选一款男士用的还是女士用的呢？

销售的过程，是不断挖掘顾客的需求，然后满足顾客需求，最终成交的过程。因此，产品介绍的顺序是以顾客需求的先后顺序进行的。在挖掘出顾客一个需求后，针对此需求进行详细讲解，这个需求点讲解清楚后再挖掘另外的需求，再根据需求展开有针对性的介绍。

简言之：以顾客需求为主线，并加以控制引导，进行产品介绍！

某款手机有以下卖点：

（1）两块电池，每块电池1200毫安。

（2）最新输入法，汉字、拼音、英语、标点无需切换。

（3）待机桌面查找电话号码。

情景模拟：

顾客：你这个手机几块电池？能用多久？

导购：先生，您这个问题问得太好了，看来您是真心实意想买。您这么关心这个问题，您是出差比较多吧？

顾客：是经常出差，所以要选电池耐用的手机。

导购：您说得太对了，像您这样生意繁忙的老板，买手机就要看电池配置。如果您经常出差的话，一块电池绝对不够用，至少两块。我们这款手机是专为商务人士设计的，这款手机配两块原装电池，每块电池1200毫安，电量大不说，还可以轮流使用，一台顶两台。

（卸下电池，指电池标记给顾客看）

导购：电池您绝对放心。哦对了，您平时是打电话比较多还是发短信比较多？

顾客：发短信比较多。/打电话比较多。

导购：（针对发短信比较多的顾客）那太好了，这款手机在写汉字的时候也可以输入英文，在写英文的时候也可以输入汉字。您看！您来试试……

导购：（针对打电话比较多的顾客）那太好了，那您生意上的朋友一定不少，您看，这款手机查询号码特别方便，待机界面直接就可以查……

给顾客讲故事

生活中你喜欢听什么语言？是不是有趣味的、有故事情节的、没有生涩字眼的话？你对面站着或坐着的顾客亦是如此。其次导购能令顾客感同身受的是与他有关的或发生在他身边的事，你的专利技术、荣誉证书离他很遥远。

一个顾客问电动车的车架夯实不夯实。导购又讲了一个故事："后街那个摩托城你知道吧？那有个卖摩托的叫小伟，他来这买车才叫专业，来了二话不说，把车把拎起来一摔，然后说你这个车不错，我就问人家，你这么一摔咋就知道我们的车不错呢？他说，车好不好先看车架，前把一摔，车架就会晃动，看车尾晃动后几下能停住，你这车，两下就停了，车架不错。"

一般导购员都是讲采用了优质不锈钢、无缝钢管、无缝焊接，经过多少万次震动实验不开裂，当导购把这些卖点背完，回头看到的是顾客一张麻木的脸孔，这种老王卖瓜式的讲解很难获得顾客的共鸣。熟知产品是一个导购员必须要做的，会背不等于会讲。会讲就需要深入浅出，帮助顾客建立产品联想，加强感知。除了产品的物理特性及专利特点等层面，还需要关注顾客精神层面，让顾客舒服而有兴趣做自我判断。

好故事不但能创造舒服的沟通氛围，也能激起顾客了解的兴趣，更能在不知不觉中让顾客产生信赖而潜移默化地说服顾客，看似无意的小故事，却能化解顾客较大的抵触情绪。

在讲故事的时候，也需要确认顾客对你所讲事物的熟知度，也需要顾客参

第六章
介绍卖点，引导体验

与到故事中来。在讲的时候，要有互动问答，比如品牌的故事，导购故意问："你知道前郭村吗？"就是让顾客参与进来，在获得信息反馈的同时让顾客和你一块去展开想象。

销售的语言技巧很多，讲故事仅是一种方法。但如果一招用到了极致也能成为制胜绝招。梳理一下你有多少品牌故事、卖点故事或售后故事，或当你能有一个庞大的故事库，在销售时信手拈来，成交自然水到渠成。讲好一个故事，能多卖一个产品。

拉近和顾客的距离

成交的一个前提是顾客对导购的信任，一味"老王卖瓜"式的产品介绍方式反而会适得其反，让顾客对产品卖点产生怀疑。在销售过程中，导购不但要说明产品的好处，还要向顾客证明产品确如自己所说的那么好。最好能通过实际的事例来证明自己产品的卖点。

话术模板

1. 先生，这款手机比较适合您这种白领使用，我们店长用的就是这一款手机！
2. 阿姨，这款手机绝对好用，我给我妈买的就是这款手机！
3. 大哥，您放心好了，我给我哥买的就是这款手机！
4. 这款是全场卖得最好的商务手机，不信您看这几天的销售清单！

例证中所选的例子要贴近生活，更要贴近顾客的身份特征，注意例子的典型性。举例说用得好，能充分调动顾客的从众心理，快速达成销售。

让顾客心动的导购术

两个导购演双簧

通过两个导购的自然、默契配合,向顾客展示或说明产品的卖点,能发挥"1+1>2"的效果。一般情况下,无论是卖场专柜,还是门店,大都会有两个以上的导购同时在岗,在接待顾客的时候,最好是一个主讲,一个辅助。主辅不分,顾客就不知道应该听谁的;只有一人在说也不行,一个人孤掌难鸣。两个人的配合更容易获得顾客的共鸣。辅助的时机要恰到好处,不能早也不能晚,也不能喧宾夺主。

话术模板

1.导购甲:向顾客演示手机工艺好,耐摔、耐划伤,使用寿命长。把手机摔到地上捡起后向顾客证明。

导购乙马上插话:上次,我儿子在店里玩,把手机这样摔了好多次,我以为摔坏了呢,捡起来一看,好好的!

2.导购甲:这款手机的颜色很漂亮啊,拿起来很有档次!

导购乙马上插话:是哦,粉色的手机很配您这件衣服啊!

产品外观的推介

现在终端陈列的商品,除了实用功能以外,在外观上,也都是下了功夫的。比如手机,它的色彩、款式就像流行服饰一样,形成一股股潮流。顾客在挑选厨房用具、小家电的时候,也会对更精致和美观的产品感兴趣。面对这种趋势,在销售的过程与注意强调其外观与顾客着装、气质、年龄的和谐搭配。

第六章
介绍卖点,引导体验

 **话术模板**

1.买手机就像用口红一样,像您这个年纪的,口红太红太浓就不适合,要淡点更好,手机这个颜色就很适合您的!

2.您的指甲油紫色和衣服的紫色配上这款手机的紫色边框很协调啊!特别是您皮肤又那么白,很适合您!

用产品演示打动顾客

人在接受信息的时候,80%的信息都来自视觉,只有20%来自听觉,所以就有了"百闻不如一见"的说法。顾客买产品的时候,他是更相信你讲的话,还是相信自己看到的事实?顾客肯定是相信自己看到的,顾客只有被自己说服,才会心甘情愿地买你的产品。

我们经常在商场看到有人卖简易电熨斗,上下几次就把衣服熨平了,最后还会让你试一下。自己一试,果然很简单就能把衣服熨平,而且还小巧,便于携带,价钱又不贵。买上一个回家后自己去熨衣服,却怎么熨也没在商场里那种平整的效果。但大多顾客都不会去怨卖熨斗的人,不觉得是自己上当受了骗,因为熨斗是被自己说服而购买的,只会觉得是自己没掌握好方法。

优秀的电动车导购员在讲车架的时候,导购员会首先动起来,把车提起来,告诉顾客自己的电动车很重,因为用的材料很好,非常结实,然后让顾客动起来,也把车提一提,自己感受一下。导购员说这个车垫子软,导购员不仅自己要按一下,也要让顾客来按一下,如果顾客不按,强行抓住顾客的手脖子,也要他来按一下,因为车垫软不软是看不出来的,一定要让顾客摸一下、按一按。顾客全身心参与进来,也就不会一直在想价格问题。

带动顾客参与进来,让他用自己的感受说服自己,才是最高境界。

有一位卖刀的哑巴,他不说话,但却能把销售现场搞得有声有色:他先是手拿两把刀,时而刀背互砍、刀刃摩擦,弄出响声,引起周围人的注意,驻足观看。然后将铁丝置于面板上,举起菜刀,一刀挥下,"嘭"一声响,铁丝齐断。伸刀锋向四周展示,刀锋完好无损。接着铺毛巾于案板上,手起刀落,毛巾切成片片。随后左手操起砖头,右手执刀,慢砍之,砖头碎屑如雨下。略作停顿,刀口递给四周观看,刀口未损。马上又拾起厚书一本,一刀剁下,书角掉落;突然菜刀挥向自己头部,刀光闪过,扬起左手,一撮头发握于手心。四周爆发出喝彩声。卖刀人环顾四周,一脸憨笑。一大姐上前拾刀问价……

这种卖刀的演示场景在现在看来虽然已不新鲜,但耐人寻味。环顾我们的生活周围:火车上的火烧袜子、小学门口翻筋斗的玩具、小巷里喔喔作响的磨刀磨剪子、超市里冒着香气的豆浆奶茶、家电卖场里喷着湿气的加湿器……生活似乎被产品的演示所包围,产品演示无处不在,这些例子不胜枚举。

琳琅满目的商品,消费者早已经花了眼,谁能第一个接近顾客,谁就掌握了销售的先机。面对早已经趋向理性的消费者,在浩如烟海的产品独特卖点中已经无所适从,只能相信自己的眼睛——"眼见为实",于是衍生出了无处不在的产品演示。

演示的终极目的是为了将产品销售出去,没有观众的表演等于无用功。我们也经常看见这样的场景:演示者手忙脚乱、汗流浃背,却无人问津;演示者声嘶力竭、激情表演了半天,围观者却莞尔一笑转身离去;导购用厨房用具试做的食物放凉了也无人关注……如何避免以上情况的出现?有效的终端演示如何实现?

有效的终端演示是一个精心准备的营销过程,有以下几种方法:

充分利用听觉、嗅觉、视觉手段

终端演示的首要目的就是吸引顾客,能第一个拦截到顾客,其次是对目标顾客全方位展示产品的特性。如何吸引顾客,需要通过以下三种手段,详见图6-1。

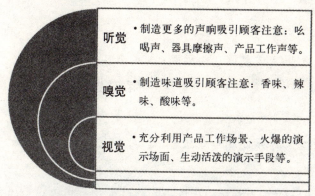

图6-1 调动顾客的听觉、嗅觉和视觉

(1)听觉:主要是用来吸引远处的顾客。由于终端各种限制,演示场地不能确保所有角度的顾客都能看到。要想吸引所有顾客的注意,只能通过制造更多的声响吸引顾客,如吆喝声、器具的摩擦声、产品工作声等手段吸引远处的顾客。

技巧模板

1.电磁炉演示:如果演示爆米花,要加大锅具和电磁炉面板的摩擦声;如果演示爆炒绿豆芽,要加大锅铲和锅具的摩擦声。

2.料理机演示:功率要开到最大,磨冰糖等硬的食物,要发出最大的声响。

3.锅具演示:翻炒铁丁,发出最大声响。

上文"哑巴卖刀"的故事中,虽然哑巴不会吆喝,但他用两把刀相互撞击摩擦的声音、剁铁丝的声音来制造声响,这均是通过听觉的手段来吸引顾客。

对于产品工作没声音的演示,演示员的吆喝声一定要大。说辞要诙谐生动,押韵。

(2)嗅觉:吸引四周的顾客。利用所演示的产品,制造出多种味道刺激顾客的嗅觉,是最直接的手段之一。比如香味、辣味。

技巧模板

1.加湿器演示:加入空气清新剂稀释,释放出香味。

2.电压力锅演示:如果演示制作蛋糕,可在蛋糕里加入香精,用排气的时候排出的香味吸引顾客。

3.电磁炉演示:如果演示爆炒绿豆芽,加入干辣椒丝,爆锅制造出辣味。

(3)视觉:通过娴熟的产品操作达到奇特的实用效果,也可以用夸张的动作激发周围顾客对产品的兴趣。就要求做演示的导购对产品的操作十分熟练,在表现手段上,也要有一定的创造力。电磁炉爆米花、蒸汽熨斗熨衣服、用火烧袜子、硬币刮擦电饭煲内胆等,都是日常生活中消费者很难见到的场景,完全满足了顾客的猎奇心理。

"哑巴卖刀"中哑巴的砍铁丝、切毛巾、削砖头、剁书角、削头发等,无一不是通过新奇的演示和夸张的动作来吸引顾客。

抓牢演示的三个特点

1.**实用**。

"哑巴卖刀"中哑巴的砍铁丝、削砖头等证明了刀的钢口好,硬度高,而切毛巾、剁书角则证明了刀的锋利。这几个动作,通过直观演示把刀的实用性全面展现出来了。

商品的实用性一定是消费者的关注点。油烟机,首要利益点是吸油烟效果;电磁炉,首要利益点是烹饪效果;蒸汽熨斗,首要利益点是熨烫衣服的效果，……所有的演示都要围绕首要的利益点，然后在这个基础上改进。

油烟机吸油烟效果演示：打开吸油烟，通过吸铁锅、吸木板等直观证明其吸力强劲；

电磁炉烹饪效果演示：用铁锅来爆米花做演示，爆米花需要高温，通过爆米花来证明电磁炉适合爆炒；

蒸汽熨斗：通过挂起来变皱的衣物，简单地操作将其熨烫平整，证明熨斗操作方便。

但这些演示一定要注意时效性。譬如用电压力锅演示蛋糕制作，大概需要30分钟左右，消费者不可能一直在旁等着。

实用性演示，一要注意演示时间，尽量短；二要有话术的配合，适时告诉顾客这个演示说明什么产品卖点；三要把物料准备齐，不能要演示时却找不到东西。

表6-5 为某吊顶企业开发的吊顶演示与话术

序号	演示项目	演示目的	方法	演示道具
A	喷	证明吊顶不滴水	用喷壶往吊顶上喷水	喷壶、吊顶
B	摔	证明吊顶不含杂质，经久不变形	吊顶高空自由落下，声音不同	劣质吊顶、吊顶
C	按	证明吊顶厚，强度高，寿命长	吊顶平放桌面，用手按	劣质吊顶、吊顶
D	晃	证明吊顶厚，韧性好	握吊顶一角，晃几下	劣质吊顶、吊顶
E	擦	不腐蚀、不变色、好清洗	擦吊顶上的油盐酱醋混合体	油盐酱醋混合
F	拆	好拆卸，可随意组合	用吸盘拆下吊顶	吸盘
G	装	平整度高、不用粘合，随意调整	将吊顶卡在边角线上	边角线、吊顶

①喷

动作：吊顶板正面朝下，喷壶朝上，喷头距离吊顶20厘米开始喷水。

话术：您原来有没有注意过，洗澡的时候吊顶板上会有水滴到头上，很烦！您看，（开始数）1、2、3、4、5……30（数到30），水根本不会滴下来。

②摔

动作：双手平稳拿住吊顶，松手让其自由下落。（正反面均可）先摔竞品吊顶，声音小而不脆，然后摔我们的吊顶，声音大而脆！

话术：我们的吊顶采用的是原生铝，不含杂质，声音特别脆，要是用含杂质的易拉罐的回收铝做的吊顶，声音小而且不脆。回收铝用三五年就变形，原生铝用20年都不会变形。

③按

动作：吊顶平放桌面，按一角（竞品与我们的做对比）。

话术：我们的吊顶您按一下，您再按一按这些劣质产品。一按一个坑，来，您来试试？

④晃

动作：握吊顶一角，上下晃动！劣质吊顶在晃动的过程中会变形。

话术：你把这两个吊顶晃一下比比，声音不一样，韧性不一样，材质不一样！

⑤擦

动作：每天都在吊顶上倒上油、盐、酱、醋的混合体，顾客来时用抹布现场擦拭。

话术：厨房油烟大，油烟里有油盐酱醋，腐蚀性特别强，所以吊顶一定要买耐腐蚀、好清洗的。你看，这是我昨天倒上的油盐酱醋，很轻松就擦掉了，不变色、不腐蚀！

⑥拆

动作：用吸盘将吊顶轻松拆下。

话术：看久了，看厌了，用吸盘轻松就拆下来了，再组合新的款式，随心所欲，想怎么调整就怎么调整！

⑦装

动作：将吊顶装在边角线上，然后让顾客看底部无缝，不用胶粘。

话术：您看，吊顶与包边的接缝非常紧密，不用力拆不掉！而那些装饰公司采用的材料都比较差，还需要用玻璃胶进行黏合，你再进行组装时就非常不方便。

2.生动。

生动性，就是要把产品的实用性通过独特的方式展示出来，同时演示要戏剧化、表演化，直观吸引顾客眼球。"哑巴卖刀"中哑巴通过削发来证明刀刃锋利,是整个演示的点睛之笔。铁锅养金鱼、铁锅炒铁丁,证明其不生锈、耐摩擦的特性;打火机烧电磁炉外壳,证明其材质;豆浆机上浇水后操作,证明其器件防水性,等等。用顾客很难见到的新奇方式来演示产品,往往能达到特别好的效果。

终端演示,找出消费者对产品真正的关注点,打动顾客的利益点在哪里,然后用生动的实例表达出来,这才是演示的魅力所在。

比如吊顶演示其表面光滑:吊顶平面落在玻璃桌面上,优质吊顶会向前滑行,劣质吊顶掉下来就不动。

动作:离玻璃桌面10厘米,端平吊顶,轻轻一推,滑出很远!

话术:吊顶只有平整,才能安装拼接无缝!您看,为什么我们的吊顶会滑行?因为底面平整,底部空气跑不了,空气拖着吊顶滑行!

一个能滑行,一个不能滑行,就像魔术一样神奇,大多顾客会忍不住好奇来尝试一下。顾客一来尝试,就达到了我们想要的目的。

3.互动。

演示过程中,演示员占据主导地位。展示的对象是消费者,消费者的参与度决定了本次演示能否成功,同时也是产品对顾客吸引度的外部表现。

顾客坚信耳听为虚,眼见为实,用过为真。满足顾客此种心理的最好办法就是让顾客参与到演示中来,让顾客亲自动手进行一些简单操作,营造一个在家里使用产品能带来很多好处的氛围。

比如地板演示:

动作:扣上两块地板,请顾客拉一头,自己拉另一头,然后用力拉。

话术:这是圣象的专利锁扣,使劲拉也拉不开,拼起来还没缝隙,防潮、防尘,防细菌,好打理。

嘴、手、眼立体式使用

嘴、手、眼三者必须统一、同步,不能做的时候忘记了说,说的时候忘记了做。在演示的时候也要注意观察周围顾客，寻找目标消费者！

1.嘴——会说。

用简洁、明了、易懂、易记的语言吸引顾客关注。就是要在演示活动中把机械生硬的产品卖点转化成生动的演示语。准确地提炼卖点、生动地描述是演示重要的一环。

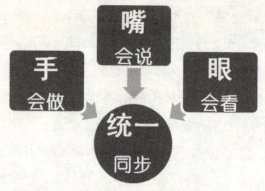

图6-2 嘴、手、眼立体式使用示意图

话术模板

1.电磁炉是干什么的

摆在厨房里，就是个打火灶，可以煎、炒、炖、煮；

摆在餐桌上，就是个电火锅，可以涮火锅，可以煮稀饭，还可以做烧烤；

平时就是个电水壶，安全快速就是个微波炉。

2.电磁炉好不好

现在人们都说，液化气太贵了，燃气灶太慢了，电火锅淘汰了，微波炉换代了，现在都用电磁炉了。

3.电磁炉用处多

厨房放一台，老婆来炒菜；餐桌上放一台，火锅人人爱；客厅放一台，泡茶更现代。省钱方便速度快，所以电磁炉才普及得这么快。好马配好鞍，好锅配好胆。不怕磨来不怕按，保您可以用八年！

2.手——操作。

熟练地表演，夸张地做出惊奇的效果，并要充分和顾客展开互动。所有的动作都要事前演练熟练连贯，一气呵成，并与语言相配合，把销售过程变成精彩的表演秀。

表6-6 为某电动车企业做的演示"十九字诀"

演示项目		演示动作	演说辞
车架演示	蹦	1. 穿平底鞋； 2. 双手扶车把站稳后，将车把摆正； 3. 双脚一块轻轻跃起。	我们电动车车架都是用特厚钢材做的，真材实料，夯实！您看，不管怎么蹦，都这么稳。
	拽	1. 将车站稳，车把摆正。 2. 右手握右车把，握紧后猛拽一下，快速松开。	"小伟买车"的故事。
	掂	1. 左手扶车把； 2. 右手掂后座扶手，吃力向上掂。	车架好不好，首先要看重不重，您可以掂掂试试。
	抬	1. 让顾客在车上坐好，并提醒扶好车把； 2. 双手抬前挡板的钢板两车，用力向上抬。	你坐上来试试！感觉一下我们的车架硬不硬朗。
塑件演示		1. 左手扶车把， 2. 右手用力在前外壳上"啪啪"拍三下。	你看我们的塑件都是加厚的，韧性非常好。
		1. 将打火机火苗调整成中档； 2. 打着火后，用火焰侧面烧塑件； 3. 上下缓慢移动两次，左右缓慢移动两次； 4. 熄火后，用手擦拭烧的地方，让顾客看没有褪色、变形。	塑件为什么会褪色？如果烤漆不好，30多度的阳光暴晒肯定褪色。打火机的温度有多高？——300多度！我们的塑件经过300多度的高温，不掉色、不褪色、不起皮，太阳晒更不会褪色！
	拍	1. 左手扶车把； 2. 右手用力在前外壳上"啪啪"拍三下。	你看我们的塑件都是加厚的，韧性非常好。
		1. 左手扶车把； 2. 右手用力在前外壳上"啪啪"拍三下。	你看我们的塑件都是加厚的，韧性非常好。
	烧	1. 将打火机火苗调整成中档； 2. 打着火后，用火焰侧面烧塑件； 3. 上下缓慢移动两次，左右缓慢移动两次； 4. 熄火后，用手擦拭烧的地方，让顾客看没有褪色、变形。	塑件为什么会褪色？如果烤漆不好，30多度的阳光暴晒肯定褪色。打火机的温度有多高？——300多度！我们的塑件经过300多度的高温，不掉色、不褪色、不起皮，太阳晒更不会褪色！
	站	1. 脱掉鞋子； 2. 双手扶稳车把； 3. 左脚在左侧站稳后，右脚踩在右侧，双脚之间要有一定距离。	我脱了鞋站上来给你看看！没变形吧？我们的塑件是最坚固耐用的。

让顾客心动的导购术

（续）

演示项目		演示动作	演说辞
车筐演示	坐	1. 正坐或反坐在车筐上； 2. 双脚离地。	我们车好，是哪个部件都好，您看这车筐，我这么重的人坐上面都没事，您买东西，往里装多少都不怕！
电池演示	拎	1. 锁上车，拔出钥匙； 2. 拔掉电源插头； 3. 打开鞍座锁，掀开鞍座，拎出电池，电池开始报警。	想偷电池，伸手必被抓！你听，虽然切断了电源，拎出电池就开始报警，偷了电池跑到香港也一直响！
电池盒演示	摔	1. 双手举起电池盒过头顶； 2. 摔在地上（声响大就行）。	你看我们的电池盒，也比别人的耐用，扔地上，摔不坏。
电池盒演示	踩	1. 电池盒平放在地上； 2. 穿平底鞋，先一只脚站上去，然后另一只脚站上去。	我们的电池盒不但摔不烂，站上去一个人也踩不烂。
电机演示	看	引领顾客到电机浸水演示水槽前观看。	我电机材质好，铜丝用的全是紫铜，通透性比较强，不像小品牌用普通铜。我们电机线圈匝数多，线圈越多，动力越大，噪音越少；我们电机纯手工操作，匝的比较紧，比较匀称，骑行感觉稳稳当当；不像小品牌的电动车，骑行起来时快时慢。
车锁演示	锁	1. 电源锁：钥匙往左拧，电源打开，再往右就锁住； 2. 智能锁：按报警锁键，然后拍一下车身，开始报警； 3. 电机锁：打开电机锁盖，插入钥匙锁上，再转动车轮； 4. 车头锁：钥匙在熄火状态向右拧，锁住车头后再转动车把； 5. 鞍座锁：先掰鞍座，打不开；再插入钥匙，打开鞍座。	1. 电源锁：使整车处于断电，电机不转骑不走。 2. 智能锁：临时停在路边，把它锁上，别人一碰就报警。 3. 电机锁：小偷骑不走，电机"熄火儿"。这个电机锁是我们的专利，这个锁好不好，您自己试，这里有扳子、钳子，您要是两个小时能把锁打开，这辆车就送您。 4. 车头锁：小偷推不走，固定车把方向原地打转。 5. 鞍座锁：打不开鞍座，小偷就拿不走电池。

第六章
介绍卖点，引导体验

（续）

演示项目		演示动作	演说辞
刹车演示	稳	1. 开启电动车，旋转右车把，让后轮转动；2. 抬起前轮，用脚拨动前轮； 3. 给顾客看，现在前后轮一起转动； 4. 握紧右闸，前后轮同时刹住。	看起来是一样的刹车，我们采用的是EABS电辅助刹车，这种刹车有两大好处。第一种好处就是：刹得稳，刹得柔，刹得死。骑自行车你知道，单刹前闸容易前倾，单刹后闸容易甩尾；您看这辆车前后轮同时刹，刹出的是一条直线，不会前倾、也不会甩尾。即使风雨天、下雪天，不侧滑，不侧翻，不摔跤。
减震演示	压	1. 双手握紧车把（站立在车身一侧或分开双腿双脚立于车身两侧）； 2. 双手用力向下压，松手，再向下压。	您看看，我们的减震器也与众不同，它是双层双向液压减震，无论什么路况，都让你骑行舒适，缓解疲劳。
减震演示	跳	1. 双脚站立与踏板； 2. 轻跳（后脚跟离地就行）。	您看，这种减震，不管是什么路况，反应特别灵敏，一点不颠簸。一个人坐，就显作用，两个人坐，效果正好；别人的减震，您试试，一个人硬，两个人软。
自发电演示	省	1. 扭钥匙，断开电源； 2. 快速搅动脚蹬； 3. 按喇叭。	您听，本来没电了，但喇叭"嘀嘀"响，电动车没电，为什么喇叭响？这就是我说的边骑边充电。一是延长电池寿命，您要不要？二是增长续行里程，您要不要？
智能巡航	定	1. 车架支好，后轮离地； 2. 打开电源，转动车把，启动电机带动后轮； 3. 固定速度，口数"1、2、3、4、5、6、7、8"然后松手。	您看，我松手以后，电动车的后轮，还在转。您肯定以为这是惯性。我告诉您，我现在跟您聊天聊两个小时，它还会一直转着，而且，您想要什么速度就是什么速度，40码速度就是40码，15码速度就是15码，看到了吧，它一直在跑吧！您可能会问，这有什么好处啊？我告诉您，它至少有两大好处：一是缓解手疲劳，我问您，一直拧住车把轻松，还是把手搭在车把上轻松？二是减少调速把故障率，用的少了嘛，故障率就少了。

(续)

演示项目		演示动作	演说辞
试车演示	骑	1. 安装备用电池； 2. 推车到试骑路线起点； 3. 请顾客上车，一只脚放在踏板上，一只脚支地； 4. 插上限速插头——防止车速过快； 5. 让顾客握住左车把和刹车把，连续握紧3次，先学刹车； 6. 告诉顾客握住右车把——抓住顾客的手轻轻旋转3次，再让顾客自己轻轻旋转3次；7. 让顾客自己用右手打开电源锁； 8. 轻轻旋转右车把。	我们的车好学吧？不用师傅教，您一骑就会。我们的车是不是骑起来平顺、抓地？您可能感觉我们的车跑得不快，那是因为我给您加上了限速器，等您骑得熟练了，您可以来店里，我们可以帮您把它去掉。到那时候，您就会骑得飞快！第一星期，为了安全，您最好低速跑。要不，您再骑两遍？

3. 眼——观察。

演示的目的是为了销售的达成，在演示的过程中要密切注视周围被吸引的顾客，并关注目标顾客的表情变化，是新奇还是不屑；是一直冷眼旁观还是跃跃欲试；是一直沉默寡言，还是滔滔不绝。当顾客表现出积极的状态，就停止你的演示，开始催单。不管是多少字诀的演示，不需要你全部使完。降龙十八掌第二掌就把敌人打败了，就没必要再使后面的掌法。如果顾客体现的是消极的一面，那你的演示也要停止，说明这个点不是顾客的关心点，那你要再去探测顾客的需求。

在终端的销售演示，充分利用以上三招，可以引来顾客的眼，可以留住顾客的脚，可以打动顾客的心，达成这三个目标，成交将会极为简单。

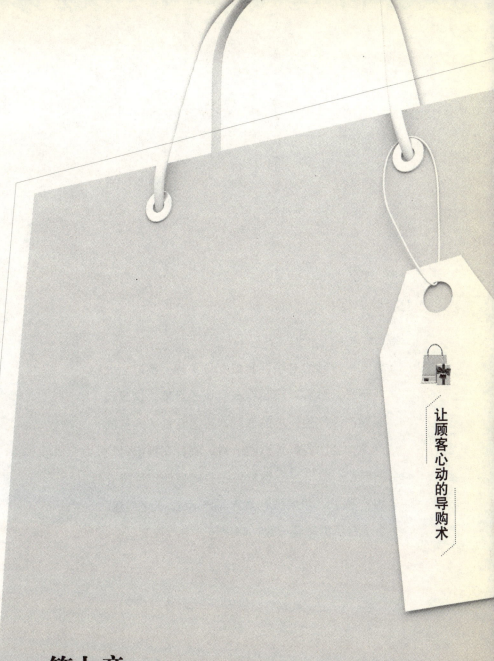

第七章
和顾客的心理战——异议处理

很多导购对顾客异议十分头疼，实际上大可不必，顾客对产品存在异议是好事，这是顾客对产品产生兴趣的表现。自己花钱要购买的产品，当然要好好斟酌一番。顾客在提出异议的时候，就已经在想象自己是如何使用你推介的产品了。如果顾客对产品一点都不感兴趣，连看都不愿多看一眼，哪里还会有异议呢？

第七章
和顾客的心理战——异议处理

导购，你在攻击谁

陪朋友去国美买油烟机。厨电区第一个展厅是某进口品牌，朋友详细听了讲解后，很喜欢这个品牌油烟机的外观，但还想再看看其他品牌。

第二个展厅是某国产品牌，进厅后朋友小声向我嘀咕了声："还是进口品牌油烟机的外观大气好看。"这句话被这位导购员听到了，马上说："那个品牌啊？他们不是专业生产油烟机的，做冰箱洗衣机还可以，其他根本不专业，前些年在市场还有那个品牌的手机，现在都没有了。它的油烟机和手机一样，都不是它的专业领域，虽然好看，但不好用，根本不懂得中国厨房的环境，中国人的厨房还是要用中国人设计制造的油烟机。我们是专业生产油烟机的，只有专业，才能卓越。"

一番连珠炮，朋友愕然了，甩手走出了这个展厅。

朋友最终没买进口品牌和第二个展厅品牌的油烟机，而选择了另外一家国产品牌。

看着朋友甩手走出第二个展厅的愕然表情，我想起来了在曾经服务过的某小家电企业的导购员告诉我的一些话，那些导购员告诉我，他们经常被某个品牌攻击，说他们是做炒锅起家的，根本不会做电器。然后我问这些导购员面对这个问题是怎么应对的，他们几乎采用了同样的策略：那个品牌是做电风扇起家的，然后做小家电、空调、油烟机，现在还做冰箱、洗衣机，他们是什么赚钱生产什么，小家电根本不是他们的强项，他们没有专业性。我们是专业的厨房用具生产企业。

像这种彼此的攻击,在终端屡见不鲜,其结果是伤敌一千,自损八百。虽然贬低了别人,但并没有抬高自己。这种攻击,伤的还是自己!也隐性地把顾客变成攻击对象。这样的相互攻击,最受伤的却是导购自己!

顾客欣赏别的品牌的产品外观,或喜欢它独特的功能设计,而对自家产品产生了异议,这是很正常的现象,但很多导购员采取了直接贬低对方的处理方法。这种方法是不可取的。

不同的顾客在提出异议的背后都隐藏着不同的购买动机和购买需求,有的关注产品的外观,有的顾客关注产品的价格,有的顾客关注产品的使用性能,有的顾客关注产品的质量,有的顾客关注产品的售后服务。导购员要做的是发现这些异议背后的真相是什么,同时把顾客的这种异议转化为展现商品销售的契机,并提供满足顾客需求的信息和利益,而不是一味地攻击。

在购买油烟机的案例中,顾客说进口品牌的油烟机好看,导购员马上反击,在反击竞品的同时,也伤害了顾客的自尊,让顾客觉得自己没常识,不该买的产品自己还挺欣赏。如果这个导购员在听到顾客这么说的时候,能马上分析到这个顾客购买产品的关注点在产品外观上,在外观上加以引导,同样可以创造销售机会。

我给这个导购员设计了以下场景:

导购:先生,您这件淡粉色的衬衣是今年的最新款吧?穿在您身上真合身。(要先观察,需找说服顾客的支撑点)

顾客:谢谢。

导购:先生,看来您对美有独特的欣赏角度与眼光。为什么那么多款式与颜色的衬衣你选择这款呢?

顾客:我喜欢这款啊!/今年流行!/这个颜色刚好配我这件西装/(不回答,没反应)。

导购:不同款式和颜色的衣服,不是穿在所有人身上都好看,衬衣的选择

第七章
和顾客的心理战——异议处理

要根据不同的肤色、不同的场合、不同的外套、不同的气质进行选择,您这件衬衣一定经过精挑细选过。我对衬衣选择的观点对吗?

顾客:对的。(不认同的顾客等于告诉别人自己是买衣服很随便的人,没审美眼光,不懂得搭配。一般顾客都会认同导购员这种说法)

导购:您看,衬衣有很多款,您选择了件最适合您穿的。同样,油烟机的外观也有很多款,这是根据不同的厨房装修风格、顾客的审美眼光来设计的。您家厨房的装修风格是什么样子的呢?

这个时候一旦顾客描述了厨房装修风格后,就可以拿出准备好的销售资料(导购员一定要有多套油烟机装在不同厨房的效果照片),找出和顾客厨房风格相似的油烟机装配效果照片,油烟机只有装在厨房才能看出其外观好坏,挂在商场是看不出来的。同时赞美顾客对厨房装修的匠心独运,强调顾客独特的审美观。最终得出的结果是某款油烟机最适合顾客厨房的装修风格。在讲解外观的同时,再辅以产品性能的讲解,成交概率会大大提高。

面对顾客的类似异议,导购员的第一意识应该是"顺为先",先顺着顾客的思路及说法,不要强行扭转顾客思维,更不能反击。然后"探本源",找到顾客异议中的弦外之音。观点的表达都有理由的支撑,顾客的这个理由是什么?在探出顾客的本源,也就是真正的需求后,要"导观点",逐步导入自己的观点,这个过程是诱导顾客思路的过程,导购不能把自己的观点强加给顾客,只能让顾客自己来认同。

异议,处理得好,也是销售契机。

见招拆招,化解功能、质量的异议

有经验的导购常说,只有挑剔的顾客才是买家。话虽这么说,但导购又怕面对挑剔的顾客。在众多厂家导购的培训下,把温顺的顾客训练成了半个专家,无论价格、品牌还是产品,均能找到种种异议,唇枪舌战无以避免。

《孙子兵法》的《谋攻篇》指出:"不战而屈人之兵,善之善者也。上兵伐谋,其次伐交,其次伐兵,其下攻城。""不战而屈人之兵"意在推崇"伐谋"和"伐交",这是"不战"的思维;下策是"伐兵"和"攻城",意在强调"慎战"思维。

"好战"的人做不了好导购,但"不战"的导购在卖场几乎不存在,因为"不战"的顾客几乎不存在。导购大多是被动迎战,兵来将挡水来土掩。

《谋攻篇》的两种思维,衍生出四重境界。对这四种境界的解读,对产品异议的处理也会有一些启发。

预防异议并非逃避问题

最高境界是在敌意萌生前就予以消除。但这需要详细了解信息,并周密计划与部署。顾客异议处理的最高境界,就是不让顾客将异议说出口。

我曾遇到过一个导购,面对顾客能讲解1小时以上,且不停顿、不重复、不磕绊。问其缘故,他回答:"我一停顿,顾客就可能会有问题问我,我这样做是不给顾客提出异议的机会。"谋,立全局,求赢。只有能达到自己目的的谋略才是上等的谋略。此谋,输的概率是赢的数倍——有多少顾客能听这么久?顾客的异议烂在肚子里他就会购买?

谋,可以解读为预防异议的产生,但预防并非逃避。

我在为某手机服务时,80%以上导购反应有一款手机开机速度慢,但一个导购却把该款手机卖得很好。问其怎么处理开机速度慢的问题,她说:"目前还没遇到一个顾客反应速度慢的问题。"我仔细观察了她的销售流程:

她拿出手机给顾客演示介绍时,演示机直接卸下后盖装卡,装上电池,然后马上按开机键,接着把手机扣放在桌面上(这时手机屏是扣在下面,顾客看不到开机现实过程),马上拿起后盖开始讲:"这个后盖不是普通的材质,这个

第七章
和顾客的心理战——异议处理

是采用软胶后盖，怎么压都不会变形的。"拿起后盖左拧一下，右拧一下，反复两三次。向顾客讲完后盖后，再拿起手机讲功能，这时开机已经完成。

这个案例是产品有瑕疵时，规避瑕疵的一种方式，是别无他法的一种选择。但有些产品的材质或工艺的创新，会被顾客误解为瑕疵，这时与其被动解释不如主动预防，变被动为主动。

有款电动车的塑料件材质有所创新，采用了超薄的新材料，韧性强不容易撞坏，本来是优点，但这点却让顾客产生过很多异议："还说你们的车好，看看你们的这个塑料壳，薄溜溜的，偷工减料！""说得好听，便宜没好货，你的车卖这么贵，这个壳还没人家一半厚！"当顾客将异议说出口再解释，就已经陷入被动境地，高手却总是能化被动为主动："您眼光太好了，一眼就看上我们店里的最新款。您注意没，这个塑料件跟别的车都不一样，比别人的薄，这是聚乙烯韧性塑料，有韧劲，你摸摸，给人感觉软平平的，这是冬天，夏天更软。碰一下摔一下，有弹性不容易坏。原来的洗脸盆是生胶的，一指厚，掉地上啪一声就摔成两半。现在的脸盆透亮比原来薄多了，用几年了不会漏不会烂，就是塑料的材质不一样。"

在顾客异议脱口而出之前将其化解，化被动为主动，这是导购处理异议的最高境界。

巧妙稀释异议

当敌意已经凸显，或矛盾出现时，避其锋芒，运用非武力的行为将其化解。不诉诸武力而达到目的，需要的是方法与策略。

终端销售过程中，当顾客已将异议说出口，无论对错，均应该应用策略去回应或解释，令顾客释怀。而不是针尖对麦芒地反驳客户的观点，这样只会徒增顾客的敌意和抵触心理，距离成交越来越远。

终端调研时，也遇到过类似处理较好的案例。

让顾客心动的导购术

手机电池从800毫安到1500毫安都有,当顾客看到电池上标的电量小时,有些顾客就会产生异议。

顾客:"你这个电池电量太小了,不耐用吧?"

导购:"电量小?不小啊,够用两三天了。"

顾客说电量小,导购说电量不小,矛盾焦点都在电量上,针尖对麦芒并不能把顾客说服更别谈打动让其购买。导购不经意间被顾客控制了思维,丧失了主导,然后举兵而战。再看高手是怎么解决这个异议。

话术模板

顾客:你这个电池电量太小了,不耐用吧?

导购:判断手机电池的好坏要看7个方面:生产日期、5字标示、电量、生产厂家、监制商、厚度、做工(按)。电量只是判断电池好坏的一个方面。您看,我们的电池是……

顾客已经产生了明显的异议,不要告知顾客的认知是错的,而是引导,稀释异议。当顾客聚焦于手机电池容量时,一句"判断手机电池的好坏要看7个方面"就能控制顾客的思维,然后顺势将顾客的异议化解。

不战,就是避免与顾客的正面冲突,迂回化解异议。

见招拆招

伐兵,是"慎战"思维的一种表现,无良策而兵锋相向,但依然期望伤亡最少,破坏值降到最低。

顾客已经指向产品的不足,或已经被竞争对手导购"洗脑",就需要有针对性地进行攻克,见招拆招。

第七章
和顾客的心理战——异议处理

案例一：

现在国产手机很多品牌在主打"音乐手机"这个概念，在终端强调让顾客体验手机的音质效果，一旦顾客到了专柜，都要引导顾客戴上耳机听音效。一位年轻的女顾客进店，位置靠前的两个品牌专柜导购都针对年轻女性爱听音乐的特性重点强调音乐手机概念，并让顾客戴上耳机试听。这个女顾客虽然表示说自己喜欢听音乐，但还是要再看看其他品牌，然后又到了第三个品牌专柜。

经过前两个品牌"洗脑"的顾客到了第三个专柜开口就说："现在手机都差不多，这款手机你拿出来，我听听放音乐的效果。"导购拿出手机然后调出试机音乐并播放让顾客听，但没让顾客戴耳机。

顾客就听个音乐开头，马上说："刚才我在那边用耳机听，音质效果比你这个不用耳机好很多啊！"

导购嘿嘿一笑说："一般的手机柜台，你去试机他们马上给你塞上一副耳机，他们卖的不是手机，是耳机！而我们的不一样，我们卖的是手机，手机本身的音质就很好。你再听，不用耳机，张学友的换气声都听得很清楚。"

案例二：

有个中年女性顾客进店买手机，甚是挑剔，从屏幕到后盖，从材质到功能，从价格到售后，点点挑剔，处处为难，实在无可挑剔时问："你这个手机的按键做工看着很一般，耐用吗？"

这个导购很有经验，不慌不忙从口袋里掏出自己的手机，迎着顾客挑衅的眼神说："您看，我这款手机是花1000多元买的，才用了一年就成这样了，按键上的字是印刷上去的！你再看一下这款手机的按键，都是水晶按键，终生不掉色、不褪色、不起皮！"

战则胜之，战若不胜不如不战。一是需要知己知彼，如同案例一的导购将前两个品牌导购的销售手法了然于胸，从他们那过来的顾客会产生什么异议，都有了防范；二是要有制胜的武器，有备而战，案例二的导购看似随手拿出自己的手机，其实应该是刻意准备的，那个旧手机是她屡战屡胜的利器。

直面顾客的攻击

攻城，下下策，被逼无奈而为之，只剩下这唯一的选择。

但在终端销售过程中，一旦"攻城"，就意味着这次销售的失败。生硬的攻击，对顾客异议直接反驳，让顾客当场丢了面子，导购就会马上丢了这个顾客。

两家电动车专卖店紧邻，第一家的电动车在主推防穿刺轮胎，并现车骑着电动车压过钉板，演示给顾客看。但第二家店的车胎没这个卖点。

有个顾客看了第一家的演示后到了第二家店，很自然就问导购："你这个车能过钉板吗？"

导购把眼一瞪："你是买电动车还是买车胎？正新、朝阳车胎都是最好的，一个三四十块钱，一辆车可是2000多块钱！你要是觉得一个车胎不结实我给你装两个！轮胎值几个钱！"

这个导购很强势，把顾客驳得哑口无言，顾客脸上红红的，二话不说扭头就又去了第一家店。

仔细想想，导购说得是有道理，但"反击"太过生猛，简直就是在贬斥顾客的愚昧，把顾客的"面子"踩在脚下，有修养的顾客也许无言离去，涵养有限的顾客会恶语相向。顾客都是送钱来的，要给足面子，"攻城"第一个攻破的就是顾客的脸面，顾客的面子没了，成交也就没了。

攻城，在终端销售中还是不用，除非你攻破一块城墙，还能马上补上，就如同下面这个案例：

顾客拿着手机试拍照效果，拍完后一看很不满意："拍照不怎么清晰啊！像素这么低！"

导购员先声夺人，马上反驳顾客的看法："你看，这像素还不清晰？这多清

第七章
和顾客的心理战——异议处理

晰啊！"然后不给顾客说话的机会，马上接着说："你看，我们的照片还可以放大和缩小。"接着马上动手做照片放大缩小的演示。

这个导购很聪明，估计是条件反射性地硬性回击顾客，后来发现处理失当，才又做了弥补。

攻城，伤敌一千自损八百，还是不用为妙。

诚然，异议处理有很多方式，仅是通过《谋略篇》的思维方式来梳理目前在终端常见的处理方式。千方百计，都需要秉承正确的态度，遇见异议不是逃避，而要沉着、冷静去应对，异议的背后就是需求，一个异议就意味着有一次成交的机会，别忘了，每个异议处理后都要进行催单。

帮顾客算算账

终端销售过程中最难解决的问题是什么？随意问10个导购员，有9个会告诉你：处理顾客的价格异议最难！价格异议是做终端销售永远要迈的一道坎，很多导购面对价格异议都束手无策，但有个导购能轻松化解，因为她观察得仔细。一是观察接待对象。仔细观察顾客的穿着打扮、气质、彼此的亲密度，判断顾客的购买力、寻找赞美点。二是观察周围的顾客。

价格，是决定顾客购买的一个很关键的因素。如何处理好价格异议，让顾客主动打开钱包，涉及很多的技巧与方法。

无论是几十万的汽车，还是几块钱的日用品，顾客都会产生价格异议："太贵了！"这句话的背后有多种含义：一是真的贵，超出了预算，希望你能便宜点；二是没明白贵在哪里，不明白为什么值这么多钱；三是砍价是他的习惯思维，他希望在砍价中获得成就感；四是一种无意识的行为，这么随便一说，你能便宜就便宜，不能便宜就算了。

让顾客心动的导购术

很多次培训时,我都会问导购:"你的产品现价顾客说贵,如果现价打8折,顾客会不会说贵?"导购总是异口同声地说:"顾客也会说贵。如果现价打5折呢?"我接着问。导购也是齐刷刷地回答:"还会说贵!""如果打3折呢?顾客会不会说贵?"下面总是整齐地回答:"会!"

产品价格贵,是企业定价高吗?是顾客消费力在降低吗?显然不是。是顾客惯性的思维习惯。基于以上分析,砍价可以分为三种:

第一种:进门砍。

- 这款产品多少钱?太贵了!
- 你们的产品挺贵啊,最低多少钱?
- 你们都有什么东西送?

第二种:对比砍。

- ××牌子的东西和你们这个几乎一模一样,但价钱便宜很多啊!
- 都是国产品牌,你咋比别人贵那么多?

第三种:要挟砍。

- 谈了那么久,你就再便宜点吧!再少××块我就买了!
- 我今天诚心想买,××块能卖就开票吧!

如何应对"进门砍"的顾客

这类顾客一进门,发现自己感兴趣的产品,不听导购介绍,直接就问价格,或者问问有没有优惠活动。这类是典型的"价格型顾客"。如果碰到进门就砍价的顾客,你直接报价,顾客马上就会回应你一句话:"太贵了,最低多少?"这时候导购就陷入了顾客挖的坑里,你要费时费力解释为什么你的价格不高。不管你的报价有多低,只要你张口报出,顾客总会说贵,而丧失了主动权。

第七章
和顾客的心理战——异议处理

产品的价格是和价值对等的，导购面对"进门砍"的顾客，关键在于不让顾客说出"太贵了"这句话。制造顾客兴趣点，然后把产品的价值塑造起来，讲完价值可以再谈价格，给顾客一种物超所值的心理满足感。

对于进门砍价的应对方式，就是把直线思维变成曲线思维，顾客直接问价格，我们不能直接回答，要把话题主动权攥在自己的手里。

1. 制造悬念。

农村消费者对价格敏感，进门习惯性要问价。在为某电动车企业服务时，总结了一个话术模板：

话术模板

顾客进门问：你这车咋卖的？

导购：我这车一公斤50块！

顾客这时候一般都很诧异，电动自行车按斤卖？没听说过啊，瞬间脑子就短路了。"太贵了！"这句话就出不了口，然后可以接着进行产品的介绍，主动权就控在自己的手里了。

2. 引起好奇。

对于看起来比较有购买力的顾客，可以制造刺激，引起好奇。

话术模板

顾客进门问："你这个多少钱？"

导购："听您说话就知道您不一般，这款价格有点贵！"

一般听到这种说话，顾客会挑衅地问："能有多贵？"无论是再报价格还是讲解产品，顾客都无法把"太贵了"这句话说出口。

3. 突出产品。

通过产品的独特之处来转移话题。

话术模板

1. 您眼光真好,一眼就看上环保等级最高的地板。这款地板的环保等级是E0级,普通的是E1级,这款地板的甲醛释放量比家里用的自来水的甲醛释放量都少。

2. 您眼光真好,一眼就看上了这款三防手机:防摔、防震、防尘。您看……

当焦点聚焦于敏感的"价格"时必须要转移焦点,用产品独特的卖点引起顾客的注意,从而转移焦点。

无论是制造悬念,还是引起好奇或者突出产品,目的都是避免直线思维张口报价,而是曲线应对,不让顾客把"太贵了"这句话说出来。

如何应对"对比砍"的顾客

有些顾客进门并没有问价,而是在导购介绍产品时,开始询价,然后说"××牌子的产品和你们这个一模一样啊,价格怎么差这么多"等类似的话语,拿竞争对手来对比,从而要求导购降价。

对比砍价,导购的关键在于造势,造势就是满足顾客的心理,让其获得砍价成功、占了便宜的心理满足感。

1. 标价不是成交价。

应对方式:首先得沉得住气,不能急。不能恶意攻击竞争对手,那只会自损形象,也不能说"别人能卖我也能卖!"这样就会落入价格战的陷阱。需要做的是充分造势。

第七章
和顾客的心理战——异议处理

话术模板

1. "先生,价格好说,你确定是不是要这款?"顾客要优惠,先要确认顾客是不是确定要这个型号,一是封堵顾客的后路,二是让顾客感觉导购是因为他的诚意买而给实惠的价格。这时候导购员要确认顾客是不是就选择了这一款,确定之后就进入下一轮。

2. 拿出价格表,"先生您看,我刚才告诉您的是最低价格,这是我们的价格表,我也想卖给您,但我只是一名导购,实在无权再让价了。"表示自己无权让价,逼着顾客妥协。

3. 拿出计算器,在计算器上经过多次运算,然后得出一个最低价,小声对顾客说:"先生,这是最低价!"用计算器报价,不用嘴,是怕别的顾客听到;用计算器算,说明你在思考,你在算什么价格才是最合理的;小声说是造势,给顾客一种感觉这个价格是专给他的,别的顾客不享受这个优惠。

4. 拿出纸笔,在纸上写一个价格,然后用笔在价格上画几圈,下定决心似的说:"先生,这是最低价!"一般人觉得嘴巴说的都不可靠,习惯性觉得白纸黑字才是可靠的。

造势,是为了满足顾客心理,同时也给顾客一种压迫感,让顾客妥协。让价,也要小幅度让价,如果你的权限能让价三百元,那你也要一百、一百地让。同时,如果以上话术报价失灵,顾客依然要求再低价格,可以采用赠品转移,或者同伴配合的方式来处理。

2. 标价就是成交价。

第一种应对方式是无比坚定地说:这时候不能讨价还价。态度一定要坚定,要让顾客感觉说出来的价格就是最低的价格。

让顾客心动的导购术

话术模板

1.我们是全国统一价,对所有的顾客都是公平的,不会让任何一个顾客在价格上吃亏。

2.价格不能少,您经常去××超市买东西就知道,那里是不讲价的,我们也一样,在价格上对每一位顾客负责。

第二种应对方式是向顾客阐明利益。不能讨价还价,就要告诉顾客统一价格能带给顾客的好处。

话术模板

你这款手机今天买的是1080元,明天你朋友来买880元,后天别人再买变成680元,这肯定是不行的,我们统一定价,就是为了维护您的利益啊!

第三种应对方式是一项项地慢慢给顾客赠品:

话术模板

蓝牙耳机送不了,而且这款手机赠送的礼品送完了,这样吧,如果您诚心买,我到旁边的店里面借一个送给您。

赠品要慢慢给,要造势,让顾客觉得这个赠品是专给他申请或借到的,普通顾客没有。如果赠品多的话,也要一个一个给,顾客要一个,就给一个,不要就不给。最令顾客满足的是"意料之外"的东西。

对于明确标识了底价的产品,报价一定要坚决,同时阐明利益,再用赠品

第七章
和顾客的心理战——异议处理

转移。除此之外一位优秀导购也分享过"尾款垫付法"的应对方式：

"E500是限卖价，顾客其实找的就是心里平衡，那么我就会说我给你1498元，这样即使是少两块钱，但是顾客还是很满意的，但是我开票时一定是1500元，然后我给他找两块。"

如何应对"要挟砍"的顾客

一般都是在谈到最后，顾客说："你看我也待了这么久，你的产品也不错，但就是价格太高，如果你不便宜些我就走。"或者"你不便宜××元我就走，再去其他店看看。"顾客通过要挟的方式来让你降价。这时候，一定要坚守底线，逼迫顾客妥协；顾客不妥协，再请出领导让价。

请出领导，也要营造氛围："熟人"购买，特殊照顾。

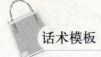
话术模板

等会你别说话，我跟领导说你是我熟人，给你申请个内部价！

领导，这位先生之前在我们这买过机器，老顾客了，给个最低价吧！

无论何时的砍价，造势为第一，让价为第二。

10轮实战砍价的启示

本文为我一调研时的真实砍价案例，相信读完本文，导购会掌握一定的价格异议处理技巧。

让顾客心动的导购术

进了某大卖场后,我首先采取迂回的战术从MOTO那边进去。先假看MOTO再到OPPO的体验柜台,看到一个OPPO的导购员,开始以为这个是调研目标。一接触就发现其不够专业,准备离开之际,又来了一个导购,问我要一个什么样的机器,我说我的滑盖坏了,她看到我的滑盖不好用就拿了直板的给我介绍。但是竟然拿了个A105K的粉色的给我(最大的错误,我可是男性,且穿着也没那么前卫)。我说我不喜欢粉色。她说没事,颜色没关系,粉色和黑色一样的。接着又犯了第二个错误:机器都不会开,所以我断定这个人不是我的调研目标,撤退。

我要走的时候万利达的导购员马上就拿着两个机器叫住了我:"先生,这里也有两款非常适合您的机器。"当时我看到她和我的距离在3米左右,她非常的主动,左手拿的型号是629,右手拿的型号K17。(她在我看OPPO的时候就注意到我要看的型号,所以直接锁定了我要的机型)。629和K17跟A105K非常有针对性,K17和它功能差不多,要便宜的有629,万利达的促销员打的是组合拳,她不会主推哪一个,而是组合推两个,有便宜的,有功能多的,看来这个是我的调研目标。

找准了目标,具体怎么讲产品卖点,在此不再赘述,和大家分享其经典的10轮砍价。

机型:K17

零售标价:1099元

零售底价:900元

第1轮砍价

我:价格能不能少点?

导购:您真心喜欢这个机器吗?您是今天要买这个机器吗?

我:太贵了!(不回答你的问题,不上你的道!)

导购:您今天是不是诚心要买,要买的话我现在去给您问下。不过空间不

第七章
和顾客的心理战——异议处理

大,就几十块钱。(她又拿出了629,说,你要是想买便宜的话就拿这个629,才799元。直接拿629和K17对比,有价位低的。)

【分析】

1. 曲线应对,锁定产品。

面对先期砍价,一定要避免有直线思维。有些产品没有明码标价,顾客问价后,不能直接报价,因为不管你报的价格高低,顾客都会回应一句话:太贵了!所谓的曲线思维,就是把"太贵了"这句话给憋回去,烂在顾客的肚子里。在给电动车专卖店导购培训时,我们一直要训练的一套话术:

顾客:这辆车多少钱?

导购:这辆车有点不一样?

顾客:咋不一样了?

导购:这辆车50块钱一公斤,这辆车50多公斤!

顾客:……(吃惊?意外?疑惑?不解?要的就是这效果,把"太贵了"这句话给憋回去了吧?)

导购:我们的车架采用的是……

电动车的例子指的是没有明码标价的产品,对于已经有价签标价的产品,这个万利达导购的应对策略堪称模板。

手机价格都是明确标示,顾客看完价签后,顾客都会有这样的"条件反射":

- 价格太贵了,能不能少点?
- 价格这么贵,今天有什么活动?
- 价格不便宜啊,今天能打几折?

面对顾客的以上反应,一般导购大多是直线思维:要么是"不好意思,我们的价格不能少,全市都是这个价";要么是"您今天来的真巧,我们有活动"……

而这个导购沿用传统套路,而是变成曲线思维,先锁定顾客有没有看好产品,对于这款手机还有没有其他问题?潜台词就是对于这款手机,顾客现在存在的唯一问题就是价格问题。所以有个锁定的过程,是看好产品才和你说价格,不会直接说价格,这就是技巧了。

2. 事先表明价格余地小。

我知道这款手机有199元的价格余地,但她先给锁定:不过空间不大,就几十块钱。而且是自己做不了主,还要问一下。

她这个预防针已经明确告知了你讨价还价的界限,她努力的余地很小,不要有什么非分之想。面对这句话,如果顾客没有其他反应,说明顾客心理已经默认了:便宜几十块钱也行。

3. 心理暗示顾客,还有便宜机型可选。

她又拿出了629说,我要是想买便宜的话就拿这个629才799元。直接拿629和K17对比,有价位低的。

这个产品对比,其实是对顾客的全方位测探:

(1) 顾客是否坚定对K17的喜欢?

(2) 顾客的购买预算范围大致如何?

(3) K17的价格只能便宜一点,如果你想要更便宜的只能选择其它机器。暗示K17价格的坚定,你能否接受。

第2轮砍价

我:就这个(K17),最低多少钱卖?

导购:您是不是喜欢这个机器?能优惠一些,不过空间不大,您真心要买的话我可以送您个价值100元的按摩器,少这几十块钱对您没用。

【分析】

1. 再次锁定产品。

第一轮砍价中,已经锁定过机型,但第二轮中依然进行再次确认,这为顾客后期的"叛逃"设了"枷锁",同时导购也会将精力集中于K17的价格处理上。

2. 再次暗示价格底线。

第一轮砍价中,已经暗示过价格不会便宜太多,不要有非分之想,在这里再次暗示,同时也为接下来的设套埋下了伏笔。

3. 设套。

注意,这款手机的标价是1099元,成交底价是900元,她把自己刚刚提出的向领导申请价格这件事按下去不表,而是下了个套:如果向领导申请价格,也就是便宜几十块钱;但我自己可以做主送你一个价值100元的赠品。这么一算,还是要赠品或赠品折现比较划算。一般人的反应会是:如果我不要赠品,你能不能折现100元。如果顾客这么一问,那就是中套了,999立即成交卖给你!

在第一轮、第二轮中两次强调只能便宜几十块钱,都是在为下套做铺垫。

第3轮砍价

我:我不要赠品,我就问价格最低多少钱?

导购:如果你今天决定买我就去问下价格。

我:……(沉默)

导购:你是不是确定就这款?

我:……(继续沉默)

然后导购直接去了服务台一趟。

导购:向领导申请过,最低价1020元!

【分析】

1. 锁定购买时间。

很多顾客不购买,离开的时候会说:我今天随便看看,先不买。对于有经验的导购员,一定不能让顾客把这句话说出来。

让顾客心动的导购术

很多人在研究顾客异议如何有效处理,其实处理顾客异议的最高境界就是不让顾客产生异议,把异议扼杀在萌芽状态。

锁定顾客购买时间,一是把顾客离开的一种理由扼杀了,同时也探明了顾客的购买需求,一石二鸟!

2. 再次锁定产品。

三轮砍价,三轮均要顾客确认产品型号,把顾客牢牢套牢!

3. 受到诱惑,借"口"让价。

顾客已经明确表达出今天要买,而且喜欢K17,导购暗示很受诱惑,但自己无权让价,去向领导申请价格。

前面已经说过,这个导购有权利让价到900元。很多导购员手里有权限的时候,一次性就把权利用足、用尽,这是很大的失误。与顾客砍价,这是一场心理拉锯战,顾客不知道导购的底,导购不知道顾客的底,谁都想捂住自己的底牌不让对方看。但顾客与导购还有一点心理的不同:顾客在一轮又一轮的砍价过程中,价格逐渐放低,会找到成就感、满足感。所以在砍价过程中,导购要注意顾客这种需求的满足。

自己有权利让价而不让,要表现出自己很想卖,但又无权利让价的尴尬,只能请示领导,这就预防了顾客下一步的死缠烂打、得寸进尺!所以,当顾客讨价还价的时候,如果有还价的余地,一定不要张口就说,要借别人的"口"说出价格。在第一轮的时候,导购就提出向领导申请价格,但在第三轮的时候才真的去请示。一而再再而三的过程,也向顾客传递出一种信息:领导是不能随意请示的!

唯一不足就是在此处,少说了一句话:我看您很有诚意买,我现在去找领导申请价格。

4. 小幅度让价。

能让价199元,但导购却小幅让价,仅让79元。一点一点让,这是相互博弈的过程。

第4轮砍价

我：1020元啊？太贵了！（继续往下砍）

导购：除了价格还有其他什么问题没？

我：好了，最低多少钱卖？说吧！

导购：要是没有其他问题的话，我可以把服务给您做得更好点，您买的品牌机三包都是应该的，要不要我再给您讲下功能？

【分析】

1．清理异议。

"除了价格还有其他什么问题没？"有购买意向的顾客一般会产生以下几种异议类型：产品质量功能异议、产品价格异议、产品品牌异议、产品服务异议等。在解决异议的时候，一定要清理无关异议，聚焦一点。

加了这句看似无意的话，锁定了顾客的异议范围。

2．异议转换。

已经主动让过一次价，这时候不能再轻易松口，不然顾客会马上得寸进尺，她所采用的转换策略在此时很合时宜。意图从价格异议中突围，强调自己服务的优势，并再次引导讲解产品。

第5轮砍价

我：价格不能再少了？太贵了！

导购：这样的，先生，这款机器您喜欢吧？是不是不要那个便宜的？（这个时候她拿出了629好像在鄙视我一样）要实在不行您就拿个便宜的吧！

这个时候又从口袋里面拿了万利达最贵的E500（标价1980元）出来给我看，意思就是K17不是最贵的，还有更贵的！

【分析】

1. 坚守底线。

砍价进入了胶着状态，导购员这时把防线守得很牢。砍价进入拉锯战后，导购员不能轻易松口，要逼迫顾客投降。

砍价的胶着状态，是买卖双方互探底价的过程，如果一方不坚守，另一方就会趁势而入。

2. 反复刺激，再试激将法。

价格，此时很敏感，导购这时第四次锁定产品，再次激发顾客联想自身对产品的喜爱。同时再用其他的机器加以刺激，激将法逼迫顾客投降。

在顾客咬死价格时，激将法不失为妙招。

第6轮砍价

我：就这个（K17）还能便宜吗？

导购：帅哥，不好意思，实在便宜不了！

不便宜，我起身准备走，她马上拉住我。

按住我的时候说：有事好好说嘛，我去请我们店长来。

【分析】

1. 不逼到悬崖不退步。

第六轮砍价，双方都被逼到了悬崖上，就看谁先跳。顾客继续坚守不跳，那导购就只能让步。

2. 无权让价，请示领导。

价格不能再让了，但顾客要走了，如果再不妥协，那这个顾客就流失了。如此绝境，就需要领导相助。

领导相助，也是在暗示顾客自己的价格底线，自己能让早就让了！

大多卖场，都是两名以上导购，当走入价格死角时，应当立即转换价格谈判的主角，换人后给顾客制造柳暗花明的境地。

第七章
和顾客的心理战——异议处理

第7轮砍价

领导来了很配合,领导说:"先生,您看您是喜欢这个机器吧,我看您是真心实意要买的吧。您不是真心实意要买的话,她们也不会叫我过来,既然你这样有诚意,机器又喜欢,我也来了,这样吧,我把服务给你做到更好一点,你就拿这个怎么样?"

我:领导,你给个最低价吧!

领导思考了下说:最低价了,1020元。

【分析】

1. 领导出马,欲擒故纵。

领导上场,不是马上从价格切入,先是一番表白,表白中让顾客明白:我知道你很想买,我也很想卖给你!

领导的欲擒故纵,为后期砍价造足了势。

2. 默契的配合。

在广州天河数码广场做市场调研时,和金立的导购砍价无果时,金立的导购马上说:我这是最低价了,要不我叫店长过来。然后手一挥叫了个人过来。这人一来,我马上发现其不像店长:一是穿着不像(衬衣的领子、袖口都是油污);二是姿态不像(那气质明显一看就是个普通导购)。不像店长也就算了,他往柜台里一站,金立的导购马上趴在他耳朵上耳语一番!大忌啊!这种动作明显告诉顾客:金立导购能对价格做主,与"店长"密谋后,让"店长"告诉你而已!"店长"过来只是逢场作戏!

如果是唱双簧,一定要提前演练。锦阳的这个店长与店员配合很默契,我根本没发现万利达的导购员是什么时候告诉他的价格(1020元)。而且来了后,未见两个人有任何语言、动作的交流,直接和我谈价格,给我明确的感觉是:店长不是来逢场作戏的!

第8轮砍价

我火了：她（导购）刚才就告诉我1020元，玩我呢？

领导看我生气了，退了一步：您说，您开个有诚意的价！

我知道成交底价是900元，我直接砍到800元！

领导马上把头撇到了一边，不和我说话了，那我就撤。

领导看我要走，马上说：您要是有诚意就开个有诚意的价格，800元怎么行。同时马上叫其他导购去给我倒水。

我：我喝了三杯，喝不下了！

领导：这样啊，我看你很爽快啊，你多大啊，八几年的。

我：80年的。

领导：不可能，至少85年的！这样吧，赌一把，要是你80年的我给你少60元，要是85年的你加60元，拿身份证来赌一把。（打赌砍价法，比较狠！）

【分析】

1. 以退为进。

这里已经是第八轮砍价了，得到的结果还是1020元，顾客当然要发火，有一种被戏弄的感觉。这时领导以退为进让顾客开个有诚意的价，这是让顾客自己亮"底牌"，先探顾客的底。

2. 打赌下套。

这是拍案叫绝的一招，估计中招的不少！如果想用这招，估计至少得演练5遍！

第9轮砍价

身份证当然不能给她看，我就不理她！

我：不便宜的话我就走。

起身准备走！

领导：您开个诚意价格，您价都还了，您又有诚意买，机器那么喜欢，您能不能加一点,您看小妹妹都介绍那么久了,您能不能爽快点,您看下您包里有多少钱,有多少钱给多少钱。

我:我包里不够800元。

领导:您说的是现金,您还有卡嘛。

我:我是有卡啊。

领导:师傅,卡里有多少钱?超过800元吧?

我:里面有好几个800元。

领导:几万块还在乎这几十块啊,来来来,小妹,给这个大哥按摩!

马上有人来按摩,女的按摩,男的抓我手,让我不好意思地退回来,被逼得又坐下了!

【分析】

1. 你带钱了没。

有些消费者离开柜台的借口:"不好意思,我今天没带钱,先看看,明天取了钱再来买!"所以这个领导很聪明,先确认顾客有没有带钱,让顾客又少了一个"叛逃"的理由。如果顾客带了钱,那就是属于"人见人爱"型的顾客,一定要使出浑身解数打开他的钱包。

2. 顺手牵羊,将计就计。

顾客不小心说出卡里有不少钱时,领导反应很快,将计就计又做了一个激将:几万块还在乎这几十块啊!

第10轮砍价

我:万利达我也不大喜欢。

领导:要不这样,您喜欢什么样的我们给您拿过来,诺基亚有便宜的399、499元的,我给你拿过来,不过我看您也不像买399、499元的机器的人。

这把我的后路也给抄了,没办法就强硬的要走。这时候七八个人拉我,有人追到门口,当我到了路口的时候万利达的促销员追了出来,说800就800元卖给你!

【分析】

1．声东击西。

顾客找了个离开的理由，对于门店领导来说，当然不希望顾客离开。常理来说，如果顾客不喜欢这个品牌，门店还有其他品牌可以推荐。门店领导先以此逻辑引诱顾客上钩：你喜欢什么样的我们给你拿过来。但这只是个铺垫，领导的本意还是激将：不过我看您也不像买399、499元的机器的人！

2．机不可失。

在竞争激烈的市太升南路，每个手机卖场的导购都对进店顾客无比珍惜，如果顾客没有当场付款而走出门店，大多导购都会追出来。

导购说800元可以卖给我，事实上以我对万利达的了解她是不可能卖给我的，最低价就是900元。她说800元可以卖给我，是拉我再次进店的幌子，等我进了店，估计又会千方百计让我加钱！

【综合分析】

降价、特价、买赠是目前促销活动的主旋律，所以价格异议的处理，是任何行业、任何门店、任何终端销售人员都绕不过去的一个门槛！

价格异议的处理，不是与顾客针锋相对，而是按照步骤、套路逐渐化解而达成销售！价格异议处理的"323法则"：

三个锁定：

1．锁定购买产品：是不是确定要这款？是这款的话再给你申请价格/赠品！

2．锁定购买时间：是不是确定今天要买？是今天买的话再给你申请价格/赠品！

3．锁定产品异议：是不是除了价格再没有其他问题了？没有的话再给你申请价格/赠品！

两个确认：

1．确认带钱没：带足了钱，才给你申请价格、赠品！

2．确认价格表：底价、赠品，不要张口就说，而是经过确认、思考再告知顾客。要么借"口"说，要么用纸说，要么用计算器说！

三个要：

1．让价要小幅度：不管有多少让价空间，都要一点一点让，一件一件给，请给顾客有足够的"成就感"。

2．赠品要一件件给：不管有多少赠品，一件一件给，请给顾客有足够的"成就感"。

3．要表示受到强烈诱惑：看出顾客很有诚意买，我很想卖给你，所以给你最实惠的价格！

这10轮砍价，可以借鉴的东西有很多，能做到这个地步，绝大多数顾客都会购买产品。但是也有值得反思的地方：如此耗时，效率如何提高？诚信经营乃是长久之道，忽悠下套还是少用为妙！

品牌异议，拿证据说服顾客

无论客户对其他品牌的忠诚度有多高，只要你找到打动点，运用合理的话术，也可以让他成为你的顾客。

品牌异议处理，对于二三线品牌的导购更为常见，且处理也比较艰难。顾客有权知悉自己购买产品的全部信息，其中包括品牌信息。顾客产生了"这个牌子我没听说过"或"你们这个牌子的产品怎么样"等关于品牌的异议，这是顾客的正常疑问，导购不要认为这是挑衅或找茬。处理品牌异议，导购的心态一定得端正，拿出证据，有理有据地说服。

品牌异议的处理，必须在真实的依据上，用提炼话术去寻找最好的说服方式。对品牌异议处理，常见的方式有：

1．**举例证明。**

整理好媒体报道的资料、顾客档案资料、顾客评价资料等，顺手拿出来给顾客看，这就是最好的例证。

让顾客心动的导购术

话术模板

您看,这是我们这几天的购买客户,品牌好不好,关键是看身边的人用的多不多。(拿出客户档案资料)

2. 明星代言。

明星代言能在某种程度上证明厂商的实力,对那些喜欢代言明星的顾客来说,也是很好的卖点。

话术模板

您看,我们是由××代言的,像他/她这个级别的明星,最注重自己的形象,他/她选择代言的产品,一定是质量过硬、令人放心的品牌!

3. 企业荣誉。

企业获得各项荣誉证书、资质等证明企业获得社会及专业机构的认可,是值得消费者信赖的品牌。

4. 市场销量。

通过整体销量证明产品是畅销的,畅销的产品,品牌也是优质的。

卡美欧手机的前身是手机方案设计、软硬件开发、主板设计生产,手机主板已经销售超过1亿部。给卡美欧设计的品牌异议处理话术:

话术模板

我们是中国最专业的手机研发与生产企业,现在有1亿用户在使用我们的主板,我们专心于手机行业,专注于手机的研发与生产,是手机行业唯一的信号专家，买任何产品都要买专业品牌生产的吧？

5．技术创新。

从技术上获得的专利、生产的品质保障以及实验设备等来证明品质与科技的领先，从而铸造了优秀的品牌。

企业历程、承担的社会责任、领导的背景与荣誉、领导人参观、工业园面积大小等，都是证明品牌实力的有力证据，当然，这都需要图片、资料来佐证。

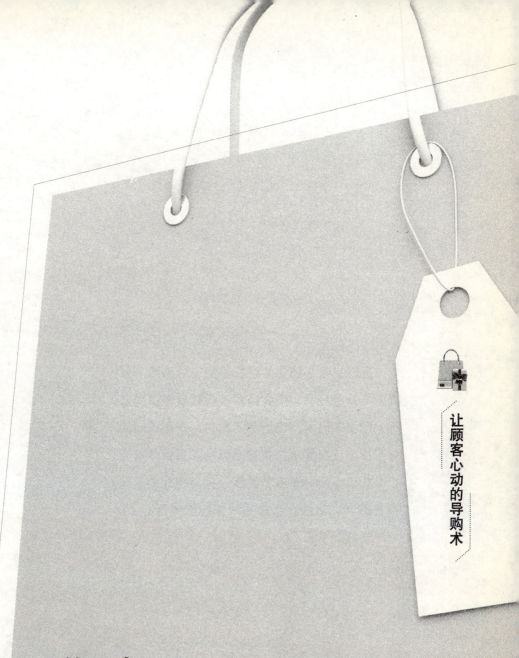

让顾客心动的导购术

第八章
精准命中，快速成交

促成交易是销售的终极目的，导购费了好大力气介绍产品，最终顾客不掏钱就是白费力气，耽误了时间，也浪费了精力。不在正确的时机提出成交要求，就好像瞄准了目标却没有扣动扳机一样。在很多时候，买与不买都只在顾客的一念之间，在顾客犹豫的时候催一下，一单生意就做成了。

第八章
精准命中，快速成交

怎么催单才能成交

- 要等顾客自己说想要，才开单！
- 要等产品介绍完，才能催单！
- 要等顾客异议处理完，才能建议顾客购买！
……

在一次与普通导购座谈时，我问他们销售的过程中应该在什么时候进行购买的建议，让顾客下定决心，以上是他们的回答。

建议顾客购买，是在销售的最终时刻，这个"终点"是由导购自己掌控的。针对顾客需求的介绍结束后，可以建议购买，这可以是销售的终点；感性的卖点讲解或演示完毕后，可以建议购买，这也可以是销售的终点；顾客的异议处理完后，可以建议购买，这同样也可以成为销售的终点。

不管是产品的卖点、演示环节、异议处理，只要顾客表露出满意的神色，均可建议购买：

话术模板

1.您看这个机器屏显效果这么好，您看嘛，是不是？（顾客如果点头或者口头承认）那我给您拿一台新机，麻烦您办一下手续，在这里签个字。

2.先生，这么好的手机，还犹豫什么，我给您拿个新的试下，好吧！

3. 就这台吧，我帮您拿台新的，您想下载什么音乐、视频？

4. 我给您拿个新的（不能说开票），是现金还是刷卡！（适用客户半天不吭声的，还在考虑中；如果顾客支付现金，最好把钱先收到自己手上！）

这些是优秀导购的催单话术。

催单的8个时机

催单的话术比较简单，但催单时机把握很重要。错的时机催单，会造成顾客的反感，事倍功半；当顾客释放出购买信号的时候进行催单，会有事半功倍的效果。作为优秀的导购，要知道顾客的哪种反应是购买信号。

1. 反复和竞品或其他产品对比时可以催单。

当顾客拿着自己的某款产品与其他款产品或竞品不断对功能、外观、材质等进行对比，这是顾客购买犹豫的表现，要及时帮助顾客下决定。

以手机销售为例：顾客若拿着推荐的产品反复和其他型号的手机做拍照效果、音乐播放效果或者视频播放效果的对比时，说明顾客已经有了购买欲望，只是在几个备选产品中犹豫不决，这时需要导购及时帮助顾客下决定。

有一位20岁左右的年轻小伙到家电部数码专区购买数码相机，导购员向这位小伙子介绍了松下FP1，小伙子又看了三洋的GH1。当这位小伙子拿着松下FP1和三洋GH1两款机器，不断观察外观，试拍对比效果，询问导购员两款机器像素是多少的时候，导购开始催单：

导购："先生，松下这款相机FP1像素比三洋GH1要高200万，有1400万像素，而且这款相机用是滑盖内置镜头设计，外观非常时尚，银色非常配您。我给您拿台新的？"

第八章
精准命中，快速成交

小伙子："好吧，拿台银色的给我。"

年轻小伙在对比两款机器的外观以及像素，说明他已经有了购买的欲望，只是在犹豫到底买哪部机器。这个时候导购在向小伙介绍了他所关注的外观和功能后，立即进行催单，最后成功完成这次销售。

2. 反复试用、体验某种功能时可以催单。

当顾客拿着某款产品，不断试用某种功能的时候，顾客已经有了购买的欲望，只是还想看看是不是各方面都能让自己满意。

比如服装的销售中，顾客在试衣的时候，不断在镜子面前不停转身，从各个角度去观察、用举手等动作尝试衣服是否合身时，说明顾客已经很想买这件衣服了。这个时候导购要不失时机地进行催单，帮助顾客坚定购买的决心。

3. 仔细观察产品细节时可以催单。

当顾客拿着某款产品，仔细观察产品的某个部位的做工、某个配件的时候，说明顾客已经有了购买的欲望，这个时候导购应当进行催单，帮助顾客做出购买的决定。

比如服装销售中，顾客拿着衣服，仔细观察衣服是否有线头、每个线缝是否衔接紧密时，就说明应该进行催单了。

手机消费者做出用手扣外壳的烤漆、用力挤压电池、用硬物刮屏幕等动作，电动车自行车的顾客不断去按压减震、在车上多次蹦跳试车架时，说明顾客对产品有了购买的兴趣，只是对局部进行验证，这些都是催单的最佳时机。

4. 主动做完产品演示顾客有尝试欲望时可以催单。

当导购给顾客演示完产品的功能的时候，顾客主动要求尝试使用这种功能，说明顾客已经具有了购买的欲望，只是想看看自己是否能够很容易操作该产品。

比如小家电销售中，顾客在导购演示完豆浆机如何进行豆浆制作的时候，顾客主动要求自己去试做豆浆时，导购应当在顾客操作的同时进行催单，让顾客同意购买产品。

5.探询产品购买后使用效果及方案时可以催单。

当顾客询问产品的效果好不好，使用方不方便以及如何正确使用和保养的时候，说明顾客已经有了购买的欲望，只是在考虑买回去后能不能很好地使用。

比如电视销售中顾客询问导购，电视放墙上好还是放地上好时，说明顾客在考虑如何摆放既美观又不影响使用效果。这个时候，导购应当在回答顾客的问题后进行催单，帮助顾客下定购买的决心。

6.咨询相关售后服务事宜时可以催单。

当顾客询问产品的售后服务情况的时候，说明顾客已经有了购买的欲望。只是需要了解具体的售后服务事宜，这个时候，导购应当在解决顾客的忧虑后，进行催单。比如数码相机销售：顾客询问产品坏了上哪修、保修多久、维修点在哪时，这时候导购应该在消除顾客的顾虑的同时催单，帮助顾客下定购买的决心。

一位30多岁的女士到数码专区购买数码相机。导购向女士介绍了一部松下的FP1相机，两人经过一段时间的交流，女士向导购询问松下的售后事宜。

女士：这个松下的相机，保修吗？上哪可以修？

导购：我们这的产品都是参加国家规定的三包法的。保修都是一年，在一年内您都可以送到全国任何一家沃尔玛商场进行保修服务。而且产品包装里面还有我们的保修卡，上面有售后服务电话，全国各大城市都有松下的维修点，售后非常方便。您就不用担心了。这种天蓝色非常适合您这样的知识女性，我去给您拿台新的。您这边买下单，一会去楼下服务台开张发票，拿上来我给您和保修卡订在一块，以免到时候找不着了。

女士：好吧。

案例分析：这位女性在询问售后事宜的时候，说明她已经看中了这款产品，只是因为不清楚售后问题和担心售后麻烦，而没办法下定购买的决心。导购在解决掉顾客的顾虑后，马上进行催单，最后成功销售出该产品。

7.索要相关优惠或赠品时可以催单。

第八章
精准命中，快速成交

当顾客询问有无优惠或者有什么赠品的时候，说明顾客已经有了购买的欲望，只是想要有意外的收获，这个时候导购应当抓住时机，坚定顾客的购买决心。

比如数码相机销售中，顾客询问今天有什么活动，买相机送什么东西时，就可以在介绍赠品的同时催单。

一对30多岁的夫妻到大型超市数码产品专区的柜台看数码相机。导购与顾客交流了一段时间后，顾客开始提出要求：

先生：这部相机能不能便宜点？

导购：先生，沃尔玛的商品都不讲价的。

先生：那有没有做什么活动，给点赠品？

导购：嗯，我可以送二位一块原装电池、一个专用的三角架，加上一张4G内存的SD闪存卡。这三样东西加起来都要值200元呢。二位请这边买下单，我去给你们拿赠品。

男：好。

这对夫妻在询问优惠政策以及赠品情况，说明他们已经想买下这部机器了，只是想节约点钱或者想要有额外的收获。导购在满足顾客想有额外收获的心理后，马上进行催单，成功销售出产品。

8. 与导购员套近乎时可以催单。

当顾客主动和导购套近乎，拉关系，赞美、表扬导购的时候，说明顾客已经有购买的欲望，只是想要拿到优惠。这个时候，导购应当进行催单。

让顾客心动的导购术

第九章
为自己的服务打分

导购向顾客介绍产品的同时,也是一个服务的过程,要让顾客在购买过程中有愉悦的体验。顾客越开心,就越容易掏钱购买你的产品。那么,你有没有想过自己是怎么对待顾客的?你的服务能打几分?

第九章
为自己的服务打分

给足顾客面子

前面我举了个去购买床垫的案例,那个导购小红,不仅开场做得精彩,后面推销的过程中,她的赞美话术的运用也十分到位,其间笑声不断,她是怎么做的?请看几个场景:

场景1:

小红:您怎么称呼?

我:我姓井。

小红:美景的景?这个姓很少见哦。您看起来就像很有个性的人。您看上的都是我们店里有个性的产品。

点评:虽然她没有完全明白我的姓,但谐音"景"也是少见的,姓少见,延伸为有个性,有个性的人看重的产品也很有个性。虽然这些事情之间并没有联系,但千穿万穿,马屁不穿,所以就算我的姓她理解错了,我也没纠正。我看上的可能都是普通产品,但却给了个性的定义。没人会认同自己是普通的,都认为自己是与众不同的,她充分利用了人的这种心理。

场景2:

小红:您太太很幸福,您来帮她挑。

我:人家是女强人嘛,没时间。

小红:那很幸福哦,你们两个都很能干。

点评:家居家具一般是女人挑选。女人忙,男人来挑选,以此推理女人很能干,但不能只夸女人能干,把我也顺带上了,两个都很能干的人,日子应该过得很幸福,这种缜密的逻辑推理,没人会反对。

场景3:

小红:您太太今天怎么没来?

我:她今天在忙,有事。

小红:很少有老公来挑家具的,老婆一般不放心,您老婆让您来挑,看来您是又能干又细心。您这么关爱您太太,可以买这种电动床,像女士经常穿高跟鞋,一天下来脚会很累,这种电动的可以帮助血液循环。

点评:别人是老婆来挑家具,您是老公来挑家具,说明老公与众不同,能干细心。没有男人会否认自己能干吧?

场景4:

小红:听您说话像安徽的。

我:安徽旁边的,河南。

小红:河南人很厉害很聪明哦,您说话口音不像河南人,像安徽的。我们有个同事是河南的,她要找个河南的男朋友,她说河南男人持家。您看您挑床多仔细,估计就像您当初挑选您太太结婚一样,呵呵……

我:我没挑她,是她挑的我。

小红:这证明您比较有能力,女孩子才会主动挑您!

点评:顾客反馈的任何信息,导购都给牢牢把握,听比说更重要。说服顾客,先要与顾客产生共鸣,顾客表露出事实,导购马上给予观点的回应,给顾客如获知音的感觉,然后达成认知的一致性。河南人是我说的事实,导购马上给予了观点:河南人聪明,然后再给予事实举例证明。老婆选的我是事实,她的观点是有能力的男人才会有女孩子主动挑。这种恭维谁听来都会十分舒服。

场景5:

我:你这个床架是不是实木的?

小红:您的性格很像我们培训学习中的蓝色性格,又细心又想得周到,方方面面都想到了。您太太好幸福。

第九章
为自己的服务打分

点评：顾客的挑剔，令很多导购反感，如果把反感情绪表露出来，顾客会把挑剔变成挑衅。你是蓝色性格，也在暗示顾客你这种性格顾客我见过，我知道怎么应对你，把顾客的气焰给压制下去。压下去不是目的，关键是要让顾客心动并购买，赞美再跟进。

小红在介绍产品的间隙，不经意间与我进行其他的话题交流，面对我的每个回馈点都给予赞美，给了我最大的满足感，吸引我长时间停留听她讲产品。在顾客飘飘然之际，戒备抵触情绪消除，再向顾客灌输你的卖点就更容易接受。

在门店经常见到的场景是顾客与导购一问一答，顾客问一个问题，导购回答一个问题，很像是警察盘问嫌疑人。在这一问一答中，导购的地位越来越低，顾客的戒心越来越重，氛围越来越紧张，成交越来越渺茫。

顾客购物也想在一种愉悦的氛围中进行，每个人内心深处都渴望获得认同和赞美，都喜欢与快乐幽默的人相处。一句赞美，一声欢笑，都让你逐渐靠近成交。氛围的营造更多是依赖导购，导购要起到主导的作用，掌握主动权。

顾客嘴巴笑了，距离就近了，他的心也会打开，戒备也会低了。

赞美，是在让顾客感知我和你的一致性。你的某个亮点，你应该早就知道，现在我也发现了，暗示顾客"我是你的知音"，在认知上我们是一致的。当与顾客达到认知上一致时，说服顾客就变得触手可及。

赞美的度也要把握：赞美时机的把握、赞美点多寡的把握，真实可信的把握。如果顾客一进店张口就夸：你的衣服真好看、你的发型真好看、你很漂亮等，都显得虚伪与谄媚，功利性明显的赞美令顾客讨厌。顾客接受赞美，但更愿意接受真实、真诚的认同。对顾客的赞美，不光是穿着打扮，性格、生活习性都可以夸赞。

如果你的店里顾客匆匆来又匆匆走，请思考一下你除了和顾客谈产品之外，还聊过什么？赞美过什么？顾客笑过没有？如果没有非产品话题的润滑，就成了纯粹的推销场景。如果没给足顾客面子，顾客也会毫不留情地拒绝你，不给你面子。

让顾客心动的导购术

拿什么吸引顾客的心

留心，是指顾客对导购或产品产生兴趣。在沟通中，双方能产生超出产品之外更多的共鸣，在共鸣下产生信任与依赖。就像常说的那句俗话：在成交之前，先要和顾客成为朋友！拉近顾客的话术，可以参考电视剧《手机》第一集中吴总是怎么接近于文海的：

（吴总一开始在火车上找位置，看到于文海对面没人坐，吴总就坐下并递上一罐啤酒。）

于文海：不喝。

吴总：好！不喝酒好。你也去北京啊！

于文海：嗯。

吴总：好。去北京好，我看你相貌堂堂，仪表不凡。做什么生意的？

于文海：我不做生意。

吴总：好！不做生意好。这生意人呐成天东跑西跑，焦头烂额，商人重利轻离别。

吴总：（吴总从包里掏名片）兄弟我，做生意的。

（这时于文海看了看名片。）

于文海：不好意思，我没有名片。

吴总：好！没名片好，那些大人物从来不拿名片，请问您尊姓大名啊！

于文海：我叫于文海。

吴总：好，是哪三个贵字啊？

于文海：不贵，干勾于，文学的文，大海的海。

吴总：好，于文海，好，响亮、贴切、吉祥，就凭这三个字，您就能有一份大事业。你做什么事业的？

于文海：我这不是刚去北京，准备找点事干。

第九章
为自己的服务打分

吴总：好，是摸着黑去的啊，还是有人儿啊？

于文海：有人，我准备投奔我姐夫。

吴总：好，你看，不说投奔你姐，单说姐夫，这说明什么啊，说明您姐夫是一位成功人士。

于文海：吴总你有两下子啊！

（笑）

吴总：哪里，混口饭吃嘛。那贵姐夫是做哪行的呢？

于文海：哦，也没什么就是一主持人。

吴总：好，主持人好。接下来你就不用说了啊，你甭告诉我您姐夫是哪位主持人，因为那是您姐夫的隐私，这个我知道，文化界的人啊，特别注重隐私。

于文海：嗨！其实也没什么隐私不隐私的，我姐夫啊！就是《有一说一》的主持人，严守一。

吴总：严守一！啊，好啊！好好好。我看过他的节目，我喜欢看。这么说吧，全中国人民没有不喜欢严守一的。

吴总：文海老弟啊，我叫你文海老弟，你不介意吧？

于文海：不介意，不介意。

吴总：你呀，你这样。你到了北京以后，假如……啊我说假如，你没找到合适的事儿干你来找我，在我这儿干。能够成为明星的小舅子的朋友，我脸上也有光啊。（笑）文海老弟，给我留个电话吧。

于文海：我没有手机。

吴总：好！没手机好。可也得留一个号码儿啊！要不我怎么跟你联络，是吧。这样！你呀，你不用把你那名人姐夫的那个手机留给我。你就把你姐，啊，她的电话，你留给我，咱们不至于断了线儿。出门在外，多个朋友多条路嘛！

于文海：对对对对！

吴总：来，你自己按。（于文海接过电话）这个是触摸屏的，你就直接摁上面那个数字。

于文海：我知道……

让顾客心动的导购术

诚然，这个案例不是让大家去行骗，而是寻找其中与陌生人沟通的方式。吴总是沟通高手，只不过没用到正道上，如果用到销售中，那你的成交就会手到擒来。

吴总的开场方式，和我们前面的主动接待十分相似。我们要求递水、让座，吴总递上的是啤酒。再看吴总的每一句话，先是抛出一个问题，然后针对于文海的回应展开赞美。无论于文海的任何答案，都是好的。认同于文海的答案，然后赞美，再给足结论。在吴总的精心设计话术中，把于文海夸得晕晕乎乎，高兴地告诉了吴总自己姐姐的电话号码。

吴总的成功，一是他有充分的准备，有丰富的社会阅历经验；二是他说的话，都是经过精心的编排，环环相扣；三是他充分运用了赞美的方式，来俘获于文海的心。

吴总做到的这三点在销售终端也是十分有用的。

在武汉为某建材品牌调研时，我进店后看了问了一款产品，导购讲了几句后，突然说："你不是武汉人吧？"

我随意地说："听我说话你都听出来我口音都不是本地的。"

导购接着问："那你是哪里人？"

我很不解："我是河南人啊，怎么了？"

导购马上笑着说："河南人啊？我表姐嫁到了你们河南。河南人比较爱吃烩面，但武汉的烩面很少也不正宗，你在武汉生活得习惯吗？"

我马上打开了话匣子："还好，我不太喜欢吃烩面，我觉得武汉的热干面也不错……"

如此这般，从热干面聊到了武汉的房价，聊到了我"住的小区"、聊到了我的房子大小、楼层楼间距，很自然又到了选什么样的地板才适合我。

整个沟通很愉快，彼此也聊得很开心。这是个销售的高手。后来找她来座谈。我问她："你说我是外地人，如果我是新疆人，你怎么回答我？"她抿嘴一笑，说："很简单啊，我表哥在你们新疆，每次带回来的水果都特别甜，新疆盛产瓜果,到处都有新鲜的水果。武汉的水果都不新鲜,也不太甜,你吃得习惯吗?"我来了兴趣:"那我是东北人呢?"她哈哈一笑,一样啊:"你是东北人啊?我大姨在东北,你们东北人喜欢乱炖,什么小鸡炖蘑菇,武汉这边好像正宗的炖菜很少,你生活得习惯吗?"我明白了她俘获外地人心的套路。

"本地人呢?你怎么说?"我接着问。她说:"本地人也一样啊,你住哪啊?我对武汉的大街小巷都比较熟悉,有特色吃的地方、玩的地方我都知道。如果顾客说出他住哪里,我马上就可以说出那附近什么什么很有特色,你是不是经常去啊?然后再说我住也那附近,很多话题可以聊。"

这个高手俘获顾客心的手段就是制造良好的沟通氛围。

话术模板

1.顾客是外地人:听你口音不像本地人啊,你是哪里人啊?A地啊,我的亲戚B也在A地,A地人喜欢C,我们这边没有C,你生活得习惯吗?

2.顾客是本地人:你住哪啊,住A地啊?我也住A地,A地的B路上的那家C特别有特色,你常去吗?

面对男人说什么,面对女人说什么,她都做到了分类。面对男人谈股票、谈麻将、谈足球,面对女人谈皮肤的保养、发型、衣服、指甲油、谈小孩。多留心,总能找到和顾客的共同话题。男人与女人是有区别的,经常跟女人聊天的时候,就要知道避免争吵的方法,就是经常要说三个字"有道理"。

"你的衣服好漂亮哦,哪里买的啊,上次我也看了这款衣服,不过不是很适合我的身材所以没有买。你穿起来真漂亮!"在和她座谈时,聊着聊着,她对我的助理说了这段话。

看来,这种沟通方式已经成了她固定的思维模式,随时随地可脱口而出。

她的话术模板很有效,但有一个前提:你要对全国的生活习惯、习俗悉数了解，对自己所在城市一切的特色也了然于胸。

她的话术目的是和顾客找到沟通的切入点，找到令对方有兴趣的话题。我见过很多优秀导购，在与顾客沟通时，天文地理、时事要闻、政治体育、育儿美容、汽车运动等等，无所不知无所不晓，遇到顾客很轻松就能找到让对方有兴趣的话题。

用真情感染顾客

"己所不欲，勿施于人。"这句话出自《论语·卫灵公》。就是说，自己不想做的事，也不要逼迫别人去做。

与顾客进行换位思考，设身处地为顾客着想，将心比心。想顾客之所想，理解至上。这个换位，存在两个方面，一是产品介绍，一是售中服务。

首先，在做产品介绍时很多导购员夸夸其谈，口若悬河，把产品夸成无所不能。试着换位思考一下，假如你是顾客，这样的介绍你能听懂吗？这些卖点能打动自己吗？在你的生活中真的需要这样的产品吗？自己会购买这样的产品吗？你真的相信这款产品能带来这样无限多的使用利益吗？

不能打动自己的产品岂会打动顾客！

销售过程中，导购员不是宣导者，而是产品的使用者，导购员不是局外人。顾客在购买前有一个理性判断的过程，需要的是正确的引导。导购同时需要尊重顾客独特的喜好或习惯，介绍时要处在顾客独特的喜好与习惯角度去解说，这样就能增强对顾客的说服力，给顾客一个实际的购买理由。

其次，换位思考要在服务上体现。在终端，导购员和顾客直接接触，导购员的一举一动直接影响着顾客对品牌、产品的印象。任何顾客都是有理性思维、有情感追求、有个性的人，他们需要被尊重，如同我们需要别人的尊重一样。同时顾客也会被外界影响，导购员的服务态度、精神面貌都会对顾客的购买产生影响。

第九章
为自己的服务打分

一位导购因为违反了商场的纪律，被柜长罚了200元，心情不是很好，中午也没有去吃饭。正好12点的时候，一位顾客来到了他的展台旁，他有气无力地同顾客打了个招呼，问这位顾客："电视是自己用还是送人？是放在客厅还是放在卧室？想要多大的？"顾客好像没有听见似的，一声也不吭。由于导购的心情不好，对这位顾客也没有耐心了，心想他是不会买的，也就放弃了这单生意。顾客走到了旁边竞争品牌的专柜，竞品的导购热情地介绍着自己的产品，不到15分钟，那位顾客就买了竞品的电视。

不愿意接近顾客、不关注顾客、不尊重顾客、不为顾客着想，这样的销售注定不会成功。

导购员上班的时候是销售人员，下了班，就会变成一个消费者。想想自己如果是消费者需要什么样的服务，关注什么问题，不能接受什么样的服务，"己所不欲，勿施于人"。

关心顾客的孩子

孩子是家里的宝，尤其在周末的商场，有孩子的大多会带着孩子逛。无论是尚在襁褓中的婴儿，还是蹒跚学步的幼儿，或者是已经上幼儿园、上学的孩子，都是家长手中的宝。尤其是祖辈带着孙辈逛街的，那孙辈的孩子就是他们手中的宝上宝。对于婴幼儿如果你能够抱到怀里，这个顾客应该就走不了。大一点的孩子，给个玩具、陪着玩一会，小孩开心了，大人也就放心了。取悦小孩，说服大人。

每个家长都认为自己的孩子是最漂亮的，无论是长相、气质、肤色、头发、言谈举止都可以赞美，再伸出你的双手，抱抱孩子，你的心贴近了孩子，大人的心就会为你敞开。

再看看你的店里，有没有专门为小孩子准备的糖果、玩具。如果没有，请尽快准备，留住孩子就留住了大人。孩子，无论大小，你都不能忽略！

不久前，有一位女士和他儿子来到柜台，得知她要买台式炉时，导购立刻给她介绍方太TAZ台式炉。她仔细看完TAZ炉后，对导购说再去看看其他品牌，然后去看德意那款特氟隆面板台式炉。德意促销员给介绍完后，她还是回过来再看导购的炉，这个时候导购觉得有希望了，又给她介绍自己的炉具比德意那款好在哪里，顾客也接受了，就要开单，可单开一半时，她那位10岁左右的儿子对她说："妈妈，我还是觉得德意那款炉好看。"当时导购真有点傻住了，也就没多作表态，而且很自信自己的TAZ台式炉怎么看都比德意那款好，相信她会有眼光分辨，也就放她们再过去看，结果就被德意搞定了。

已经成交开单的生意，就因为忽略了10岁的儿子而失败，这是刻骨铭心的教训。孩子还不能定位于参谋者，但是如果你忽略了他的存在，他的家长也会忽略你的建议与讲解。请再次记住：**取悦小孩，说服大人**。

留住顾客要选好方式

目前很多终端销售人员都觉得现在的顾客越来越挑剔、越来越难沟通，加上竞争日益激烈，销售越来越难达成。大家都在寻求能够"一招制敌"的方法。

一招制敌的终端销售方法只存在理想状态。产品各异、顾客各异、渠道各异，没有哪种方法能够"吃遍天"。但终端的销售，流程、方法还是有一定的规律可循。

终端销售人员采取什么样的销售策略，顾客是否购买和怎么购买的决策行为，都是由各自的心理动机决定的。导购的话术是否有效，其核心在于是否能把话说进顾客的心里，挖掘出购买需求，激发其购买动机，进而促使其采取购买行动。

现在很多产品除了外观上的差异，其他的差异并不大，比如手机，屏幕大、能上网、有触屏……这些功能大家都有。如果产品可以讲的卖点很多，但每一点与别人都相同，导购怎么办？卖点多是好事，只要挖掘出顾客需求点，给不同需求的顾客介绍不同的卖点，卖点就成了购买点。

从顾客那里拿到东西来做试用产品的道具，也是留客的一个好手段。例如手机销售中，如果能拿到顾客的手机卡也是成功的。顾客的手机卡在你这里，你不还给他，他就走不了。在成都调研的时候，导购员都会要求顾客用自己的卡去试机，但是到别的地方就没有导购要顾客的SIM卡，问了导购员，他们说，"我们的手机通话质量不好，不敢让顾客插入SIM卡，要不然对方是会打电话的。"难道这个品牌的领导会把所有的好机器全发到成都吗？成都的导购员都敢要顾客的SIM进行试机，一样的机器，不敢要，一是没有要的意识，二是对自己的产品没有信心。

话术模板

1. 帅哥，这个机器是新机没有卡，可以把您的卡拿下来插上去试一试。
2. 师傅，您的电话卡能不能给我试下机器？

让顾客产生共鸣

产品介绍的过程，也是沟通的过程。在和顾客沟通的过程中，就体现了导购的服务水平。顾客与销售人员双方要互相交换信息，导购要在信息的交换过程中使双方产生共鸣，尤其是得到顾客的认可。沟通的关键点是表达、询问、

让顾客心动的导购术

倾听。倾听是沟通的基础,在良好的基础上充分运用表达和询问技能,对销售成交会有更大的促进作用。

1. 赞美顾客的优点。

所有导购培训,都会告诉推销员别忽略了赞美的力量,而我在书中也不止一次提到了这点。

在马斯洛需求层次理论中,尊重的需要是较高层次的需求,每个人都需要获得他人的尊重、认可和赞扬。尊重、认可是双向的,销售人员想获得顾客的尊重和认可,首先要表现出对顾客的尊重和认可。无论地位的高低,成就的大小,收入的多寡,每个个体均存在优点,这就需要销售人员细致入微地察言观色,善于发现顾客身上的优点,并真诚地告知顾客。

在做木地板调研时,发现一个特征,顾客进店后都是先快速巡视完店内的样板,发现中意的后会上前伸手摸一下地板,这时一个优秀导购往往会套用下面的话术模板:

话术模板

1.您的手保养得真好!(针对女性顾客)
2.您眼光真好,一眼就看上我们店里卖得最好的一款!

场景1:

顾客:你这种地板防滑好不好?家里有老人。

导购:您太有孝心了,您家里的老人真幸福!家里有老人,选地板一定要考虑防滑性,脚感也要好……

点评:顾客购买地板,考虑老人的安全,说明顾客是有孝心的人,告知顾客的优点后再讲产品卖点,会有事半功倍的效果。

场景2:

第九章
为自己的服务打分

顾客：这种地板的环保等级是几级？

导购：您真专业，一听就知道您是木地板的专家，这种地板的环保等级是E0级，比自来水的甲醛释放量还低！

点评：一般顾客都会关注环保，但在问的时候都是问"你这个地板环保吗"而这个顾客直接问"是几级"，说明他对地板很了解。

告知顾客的优点，是在表明自己的立场，自己在很用心接待，很看重你这个顾客。告知他的优点，能减弱他的戒备心理，降低他的挑衅心理。

2. 认同顾客的观点。

沟通过程中，顾客会有自己的观点表达，顾客的观点有对有错。有些导购无法容忍顾客错误或偏激的观点，总想与顾客辩论，就算你辩论赢了，那你也失去了这个顾客。

场景1：

顾客：圣象是老牌子了，就是价格高！

导购：您应该装修过几套房子吧？很关注地板行业，估计您对地板了解很多，买地板绝对不会盲目。圣象连续14年销量第一！靠的是品质获得顾客的认同而购买。

点评：顾客说出圣象是老牌子，说明顾客对地板关注过，不是盲目购买，这是顾客的优点。于是毫不犹豫地告诉他：圣象一直是第一，质量当然没的说。通过质量化解价格高的观点。

在认同观点的同时，顺便再化解异议，这就是技巧。

场景2：

顾客：圣象是老牌子了，就是价格高！

导购：是的，便宜没好货，好货不便宜！

点评：虽然认同了顾客的观点，但很生硬，一般人难以接受。

场景3：

顾客：你这个只能耐磨6000转，人家的能耐磨10000转，你这个地板不耐用吧？

让顾客心动的导购术

导购：我是第一次遇到您这么专业的顾客，确实是耐磨转数越高，地板就越耐磨。您是买家用地板还是商用地板？

点评：很多顾客会受其他品牌的影响，只看重一个参数，而忽略了整体性能，但不能直接告诉顾客他的观点是错误的。而是迂回引导，先认同顾客的看法，再慢慢讲解为什么自己的产品是6000转而不是10000转。

顾客并不是产品专家，他的观点不能全是正确的。正确的要赞扬，错误的观点先认同，先和顾客达成一致，降低他的心理挑衅后再迂回地进行引导。成交的心是迫切的，可以理解，但和顾客的沟通一定要有方法，直线应对虽然省时却不省事，效果往往大打折扣，甚至可能直接把顾客赶走，所以一定要养成曲线应对的表达方式。

3. 分解顾客的疑点。

大多导购怕顾客产生问题，总是一直讲，不给顾客提问的机会。有信息的交互、碰撞，才能达成一致。躲避不能解决问题，首先要对企业、产品、自己有信心，不要怕顾客提问。顾客对产品不熟悉，导致问题的模糊。面对顾客的疑问，首先要帮助顾客确认他真正想问的是不是这个问题，问的本意是什么，把模糊的问题分解成清晰的疑问，再详细地进行讲解。

话术模板

1. 顾客：你们地板的款式很少啊？

   导购：您指的是颜色少还是规格少？

2. 顾客：这种地板不适合装在光线弱的房间吧？

   导购：您是指客厅、卧室还是书房？

分解顾客的异议，一是挖掘顾客问题的本意，二是帮助顾客自己梳理问题。模糊的问题没法解答，只有明确顾客真正想知道什么之后，才能针对性地进行

有效解答，让顾客满意。

这三个核心技能组合使用，会让沟通更顺畅，顾客在不知不觉中产生共鸣，最后达到成交的目的。

成交后也要服务好

判断一个导购优秀与否的标准，不是任务完成率的高低，也不是每天销量的多少，而是看销量中有多少是老顾客的重复购买或老顾客带来的顾客。顾客开单交完款，并不是销售的结束。从交验产品，到送客离店，再到购买后的维护，这三个环节都是丝丝相扣的，一个也不可松懈。

交验产品

付了钱的产品，是属于顾客的。有些导购习惯了对产品的不爱惜，但对已经属于顾客的产品，必须轻拿轻放，细心呵护，交验清楚（见表9-1）。

表9-1 手机交验的注意事项

验机四注意	包装轻拿轻拆（体现你对手机的尊重，也体现你手机的价值）； 新机小心呵护（新机是顾客用的，要小心）； 配置一一清点（防止遗漏配件，给顾客造成不便）； 确认无误再交机。
交机四个要	要调准时间； 要调低亮度（为了省电，亮度调低一点）； 要校准屏幕（触摸准确，不要让顾客回去之后点不准）； 要关闭一个卡（双卡双待手机，关闭一个卡省电）。

送客离店

前文提到过,不要把顾客当做上帝,要当成你的亲戚。想想日常你是怎么送亲朋好友到大门口的?是不是依依不舍地引送到门口,还要告个别?同样,送顾客也是一样,真诚地送到大门外,并把产品使用的注意事项、秘诀再仔细交代一番,同时别忘记强调,顾客今天得了一个实惠,回去一定得宣传我们品牌,别忘记再带朋友来。

话术模板

1.手机电池不要等到没电才充电。如果锂电池等用完电再充电会减少其寿命。

2.当手机正在充电时,请勿接电话!手机在充电时,来电接听的话会有潜在的危险,且辐射最强!

3.手机信号剩一格时不要使用。信号满格与只剩一格时相比,发射强度相差1000倍以上。

维护好回头客

天津某通讯连锁店这两年发展速度很快,其发展核心在于其售后跟进服务特别好。他们的售后跟进是这样做的:

- 坚持留任何一位顾客的联系方式。
- 坚持在天津天气有很大变化的时候给顾客发提示短信,当然,短信内容中一定会出现自己的企业标识。

- 对于购买手机的顾客，提供免费的屏幕贴膜服务。
- 在购机一个月以后，会给顾客发短信，提醒顾客已经购机一个月了，手机贴膜可能已经模糊了，该店可以免费提供新的贴膜。
- 在购机三个月以后，发短信通知顾客，感谢对该店的支持，可以到该店来免费领取小礼品。

这种是门店行为去维护门店的群体顾客，对于门店没有类似顾客维护方法的导购来说，需要自己去对老顾客进行维护。

老顾客维护的秘诀在于给顾客意料之外的关怀，并不需要大成本。一次电话问候或一条短信，一个小礼品，都能暖热顾客的心。

在为一家手机企业服务时，给导购设计了一个离店后的短信维护模板（见表9-2）：

表9-2 离店短信维护

购买时间	服务内容
顾客离店1小时内	短信：×先生/小姐您好！感谢您在×店选购×手机，希望能带给您生活的便利与快乐，开心每一天！刚为您服务的××
顾客离店第3天	短信：×先生/小姐您好！您选购的×手机使用习惯了吗？如需帮助，请和我联系，随时为您效劳！××店××
顾客购买后每半年	短信：×先生/小姐您好！手机信号剩一格时不要使用。收讯满格与只剩一格时相比，发射强度相差1000倍以上！××店××
节假日	×先生/小姐您好！今天是××节，祝您和您的家人节日快乐，万事顺心！××店××
顾客生日	×先生/小姐您好！祝您生日快乐，幸福每一天！××店××

留不住顾客，可以留下信息

导购使尽浑身解术，顾客也确实不买，这种情况也是常见的。但今天不买

让顾客心动的导购术

不意味着明天也不买。可以给顾客缓冲、思考的时间,但需要有一根线系着离开卖场的顾客,通过这根线还能将顾客拉回卖场。这根线就是顾客的QQ号码或者电话号码。拿到顾客的电话号码,或者QQ号,以便进行电话销售或者网络销售。

那么,如何获得电话号码或者QQ号码呢?

手机、电脑导购比较方便,可以不露声色地将顾客的联系方式留下:

首先,可以用顾客QQ登陆加自己为好友。

话术模板

导购:您平时上QQ吗?

顾客:上!

导购:我们这款手机上QQ非常方便,用您的QQ号试一下!

导购:您看,和电脑上的QQ一样,非常好用,试一下添加好友功能,加一下我的QQ,我的QQ是××××××××。

在前期试手机的时候留下伏笔,用顾客的QQ登录然后加自己的QQ号,这样就自然而然地获得了顾客的QQ号。

也可以用顾客SIM卡试机,试机电话打给自己。

引导顾客用自己的SIM卡试机,在顾客拿出SIM卡后,要自己帮顾客装上卡,装上卡的第一个电话先打给自己,这样就能获得顾客的电话号码。

不是手机电脑等数码产品的话,虽然不能那样不动声色地获取顾客的联系方式,但也不是没有办法,可以按照以下步骤来,得到顾客的电话号码:

1. 抓住顾客兴趣 留下顾客电话。

话术模板

导购:我刚才看您比较喜欢音乐/视频/电子书,我的电脑上有很多音乐/视

第九章
为自己的服务打分

频/电子书，我可以整理后拷给您，免得您再费力搜索下载了！（炒股软件/电子地图/火车公交查询软件）

顾客：好啊！

导购：我下班回去全部收集整理，整理好了告诉您，您的电话是？

顾客：我的电话是×××××××。

如果顾客拒绝了，则进入下一步！

2.交个朋友，互换电话号码。

话术模板

导购：没关系，您不买我们的手机，我们可以交个朋友，大事我也帮不了您，我在这卖手机三四年了，您要是想了解手机行业，我都可以给您点建议，这是我的号码（名片），我们交换一下电话，您的电话是？

顾客：我的电话是×××××××！

如果顾客拒绝了，则进入下一步！

3.存入顾客的电话号码，说出你的电话号码。

话术模板

导购：保管名片是麻烦，万一放丢了，联系不到我，那您存一下我的手机号，我的手机号是……您的手机号是？我打你手机上，您不用接听。

顾客：我的电话是×××××××！

如果顾客拒绝了，则进入下一步！

4.活动诱惑，留个电话号码。

话术模板

导购：马上就是我们三周年店庆／马上就是中秋节，会有不少优惠活动，你留个号码，到时通知您。

顾客：行啊！我的电话是××××××××！

如果顾客拒绝了，则进入下一步！

5.礼品登记，需要电话号码。

话术模板

导购：您在这待了这么久了，感谢您对我们的喜爱与信任，送您个小礼品吧，一点心意！（领取后）来，做个登记，留个电话！

如果顾客拒绝了，则进入下一步！

6.订购优惠，填个号码。

话术模板

导购：您现在填个《订购表》的话，到时候活动时能给您优惠。

顾客：好啊！

如果顾客对以上方法都拒绝了，就果断对其放弃，因为这种顾客没有购买的诚意！

结束语

一步步走出自己的路

导购是营销链最末端最关键的一个环节，付出很大，收入却不多。导购每天都在重复着繁琐的工作：盘点库存、整理柜台、对顾客迎来送往、提交报表……不仅工作繁杂，还顶着销售指标的压力，业绩不达标，收入也跟着受到影响。

绝少有人愿意把导购当做自己一辈子的事业，大多数终端导购员都把导购当成"青春饭"，只是一份暂时安身立命的职业而已。

不过，在导购的工作岗位上一步一步踏踏实实地走的话，也会走出一条光明大道。

多年来一直在和导购群体打交道，很多优秀导购的经历告诉我，在导购的路上一步步走下去，最好的出路有两条：

一是走职业经理人道路，凭借自己的优秀销售业绩与沟通协调能力，从导购员一步步晋升为主管、店长、督导或者市场经理，然后走向更高的职位。

二是走自主创业道路，根据自己积累的销售经验和产品知识，选择熟悉的行业，或开个小店，租个小专柜，或者成为小代理商，逐渐把生意做大。

两个出路有一个共性：由一线导购转变为管理者。但这两个出路都有一个基础：自己要够优秀！

只有你足够"优秀"，才能把握成功的机会。

让顾客心动的导购术

有一位优秀的导购员彭丽,刚开始只是简简单单做着促销导购的工作,后来因为表现和业绩都很优秀,成为了导购组长。在做组长期间,她帮着公司招聘了很多优秀的导购人员,那些导购都很符合公司的招聘需求,为公司带来了良好的业绩。不仅如此,彭丽还能很好地掌握导购的心理,知道怎么在面试中辨别"千里马",并且能够把他们从别的公司挖过来。后来彭丽来到了人力资源部,她把自己的心得和经验做了总结,为整个招聘团队带来了利益,很快,彭丽就成为深东粤的区域经理。

还有一位导购叫祝玉盼,年龄很小就出来打工,先是做产线组装,后来去做手机的导购,慢慢地做到了店长之后,用自己攒的1万多块钱,开了一个很小的手机店。一开始这仅仅是个不到10平方米的小店,只有两节柜台和一张桌子,店里摆的是通过业务关系拿到的手机,因为她有工厂的工作经历,懂维修,又做过导购和店长,会销售,虽然是小小的一家店,不但卖手机,出售手机卡,充值,还能够做手机维修和回收二手手机。不仅很快就把本钱赚回来了,还扩大了规模。现在,小店已经发展成为有一定规模的大店了。最近,她准备再开家店。

像她们那样,从导购一步步走来,不断提升自己人生价值的例子,不胜枚举。

当然,也有很多导购,虽然还没有让自己的梦想腾飞,却也一步一个脚印地走在自己的成长之路上。

我在为手机企业做调研时遇到一位很善于做总结的导购。她每天都将自己工作中总结出的经验教训记在本子上,我也很荣幸能够翻看这个珍贵的日记本。翻开她日记本的一页,上面这样写着:

当回头客E500回来时,我应该先接待他们母子俩。当时两批顾客,一是回头客,我正在接待的人说两个都想买,但他对我的机器似乎不太满意。

E500没有抓住的原因,第一错,没有选择对。当有两批顾客时,有回头顾客来,而且不像没钱的人,我没有选择正确。第二错,他们回来时,其实给了

结　语
一步步走出自己的路

我第二次机会，但是我在矫情，错失了这次机会……

　　看了这个本子，我感到一丝莫名的感动。我相信，只要她坚持，她自己想成为老板的理想也会触手可及。

　　导购员这个岗位虽然是平凡而辛苦的，但只要怀揣梦想，慢慢积累，让自己足够优秀，在这个普通的平台上也能展翅高飞。所以无论你是把现在当做一个跳板，还是纯粹为了糊口或得过且过，如果有梦想，那就先让自己成为最优秀的导购员，拥有最强的成交能力，成功就会成为必然。

延伸阅读

编辑的话 亲爱的读者，感谢您选择了这本书。如果没有您，这凝聚了作者与编辑心血的作品，就太寂寞了。

《导购这样说才对》

门店销售人员的枕边书、必备书！
有效解决终端销售最头痛的 50 个难题

本书提供的方法易学、易查、易用，能让导购和门店销售业绩突飞猛进！

著名终端销售实战讲师王建四先生，以其深厚的理论功底结合多年调研、培训的实战经验，通过总结导购在日常销售过程中最常遇到的头痛问题，分析导购容易犯的各种错误，告诉导购如何调动顾客情绪，如何赢取顾客的信任，如何为购买施加压力，如何化解危机……

作者：王建四　定价：29.80 元　ISBN：978-7-301-14072-7

《顶尖导购这样做》

顾客难缠？只因为我们做的不够！
30 个顶尖导购手把手教你终端销售绝招

热情、会说话的导购为什么还遭到顾客冷漠以对？要想成为顶尖导购，不能光会说，还必须会做。导购只有做对了，才能消除阻碍成交的潜在因素，不仅能轻松落下成交的一锤，还能把难缠的顾客变成朋友，让投诉的顾客满意而归，让新顾客成为忠实的老顾客。

本书是顶尖导购的实战档案，值得所有导购反复翻阅并潜心修炼。

作者：王同　定价：29.80 元　ISBN：978-7-301-18367-0

《顶尖导购的秘密》

60 个顶尖导购从未公开的成交绝招
边看边练，你也能创造销售奇迹

如果你时常觉得导购难做，学过的销售知识也不少，但一用起来却时灵时不灵，不妨看看每月奖金都拿最高的顶尖导购又是怎么做到的。作者从干销售、管销售，到讲销售、写销售，在销售行业摸爬滚打20年，遇到众多的销售高手，常和他们一起探讨总结销售的问题与技巧。在书中，你可以同60个顶尖导购一一过招，练就自己的销售绝活！

作者：何叶　定价：29.00 元　ISBN：978-7-301-19655-7

《别卖衣服，卖美感》

你卖的不是服装，而是行人对顾客关注的目光
一种全新的服装销售方式
有效提升客单价和连带成交率

这是国内第一本讲美感销售法的服装销售培训图书，从服饰美感搭配销售、顾客消费心理等角度入手，教导购更有针对性、更加专业化地应对销售中的各种问题，帮助导购成长为值得顾客信任的"形象顾问"。作者是国内最早从事服饰搭配销售的培训师，传授了8大类美感销售法，好学易用，能让店面利润发生翻天覆地的变化。

作者：贾小艺　　定价：32.00元　　ISBN: 978-7-301-18189-8

《早该这样管门店》

打造黄金门店的实战指南
解决门店管理27个最令人困惑的实战问题

作为经销商，你是不是有一肚子苦水？品牌没名气、厂商不支持、售后跟不上……

给了导购很高的提成，大会小会做思想工作……可导购就是缺少积极性。

你被提拔做店长，结果使出所有招数，店面业绩不升反降……

从哪里找合格的导购？人才市场？挖同行墙脚？网络招聘？究竟哪一招最有用？

如果你想了解更多管理门店的诀窍，想比你的竞争对手做得更好，那就请翻开本书，从头开始找答案吧！

作者：宋健　　定价：30.00元　　ISBN: 978-7-301-19119-4

《顶尖销售这样做》

顶尖销售必练基本功，实实在在提升业绩
上百场全封闭销售强化训练营成果

那些最顶尖的销售，日常工作也是开拓市场、维护客户，只不过他们能把工作做得更到位，也更有效率。他们如何做准备工作？怎样运用电话话术？见客户时说什么、做什么？每次销售完成之后又如何总结经验教训？……

本书内容来自营销专家张利庠博士的销售全封闭训练营的核心课程，超过10万人接受培训，数百家企业销售业绩普遍提升30%以上。

作者：张利庠　　定价：32.00元　　ISBN: 978-7-301-19541-3

更多好书，尽在掌握

大宗购买、咨询各地图书销售点等事宜，请拨打销售服务热线：010-82894445

媒体合作、电子出版、咨询作者培训等事宜，请拨打市场服务热线：010-82893505

推荐稿件、投稿，请拨打策划服务热线：010-82893507，82894830

欲了解新书信息，第一时间参与图书评论，请登录网站：www.sdgh.com.cn